आइन्स्टाइन

आइन्स्टाइन

मोहन महर्षि

वाणी प्रकाशन

वाणी प्रकाशन

4695, 21-ए, दरियागंज, नयी दिल्ली 110 002

फ़ोन : +91 11 23273167 फ़ैक्स : +91 11 23275710

शाखाएँ

अशोक राजपथ, पटना 800 004, बिहार

कॉफ़ी हाउस कैम्पस, महात्मा गांधी मार्ग, इलाहाबाद 211 001, उत्तर प्रदेश

महात्मा गांधी अन्तरराष्ट्रीय हिन्दी विश्वविद्यालय, वर्धा 442 001, महाराष्ट्र

www.vaniprakashan.in
marketing@vaniprakashan.in
sales@vaniprakashan.in

EINSTEIN
by Mohan Maharshi

ISBN : 978-81-7055-431-8
Play

संस्करण 1996, 2005, 2010
आवृत्ति 2018

मूल्य : ₹ 199

एम.एस. प्रिंटर्स, दिल्ली-110 095 में मुद्रित

वाणी प्रकाशन का लोगो मक़बूल फ़िदा हुसेन की कूची से

अंजला के लिए—
जिन्होंने कठिनतम परिस्थितियों में
साथ दिया !

आभार

सर्वप्रथम मैं राष्ट्रीय नाट्य विद्यालय, नयी दिल्ली और उसकी निदेशिका श्रीमती कीर्ति जैन का आभार प्रकट करता हूं।

राम गोपाल बजाज की ओर से जो मित्रतापूर्ण सहयोग मुझे लगातार मिला उसके अभाव में शायद यह कठिन काम मुझसे न हो पाता।

एक अलग, एकदम नयी विषय-वस्तु को लेकर नाटक लिखने की मूल प्रेरणा मुझे डा. नामवर सिंह से मिली। आई.सी.सी.आर. के अध्यक्ष श्री वसंत साठे और ललित कला अकादेमी के अध्यक्ष डा. राम निवास मिर्धा मुझे सतत् उत्साहित करते रहे।

पंजाब युनिवर्सिटी के फिजिक्स डिपार्टमेंट के प्रोफेसर (V.S.) वी.एस. भाटिया और डा. आर. सी. वर्मा ने मुझे लगातार सलाह और सहयोग दिया। नाटक की मूल प्रतिलिपि को कई कई बार पढ़कर कुछ बहुमूल्य सुझाव दिये।

नाटक की प्रस्तुति के दौरान रा.ना.वि. रंग मंडल के सभी अभिनेता तथा अभिनेत्रियों की ओर से जो प्रेमपूर्ण सहयोग मिला वह अद्‌भुत था। उसकी मीठी याद हमेशा मन में ताजा रहेगी।

अपनी नाट्यशिक्षा के प्रारंभिक क़ाल में मैंने श्री इब्राहिम अल्काजी से जो ग्रहण किया वह मेरे लिये आज तक एक सार्थक उपलब्धि है।

अंत में अंतर्राष्ट्रीय ख्यापिप्राप्त और भारत के जाने-माने वैज्ञानिक डा. जयंत नारलीकर का मैं विशेष आभारी हूं जिन्होंने प्रस्तावना लिखकर इस पुस्तक की गरिमा को बढ़ाया।

नयी दिल्ली
11.11.95

मोहन महर्षि

प्रस्तावना

आज के इस विज्ञान युग में हम विज्ञान के बढ़ते प्रभाव को दिन-ब-दिन महसूस करते हैं; यह व्यक्ति को और समाज को अलग-अलग रूप से अपनी शक्ति और व्यापकता का परिचय देता है। वैसे देखा जाए तो विज्ञान की तरक्की उसके अपने बनाए ढाँचे में होती है। दार्शनिक कार्ल पॉपर ने इस ढाँचे को एक कड़ा रूप दिया है। पॉपर के अनुसार विज्ञान के सिद्धान्त सदैव अदालत के कटघरे में खड़े रहते हैं। प्रायोगिक जाँच एवं निसर्ग के निरीक्षण की गवाही जब तक उनके प्रतिकूल न हो जाए तब तक उन्हें खड़े रहने का अधिकार है। जब यह गवाही प्रतिकूल हो जाती है तो उन सिद्धान्तों को दोषी करार दिया जाता है।

कुछ इसी सन्दर्भ में विज्ञान से हमें वैज्ञानिक दृष्टिकोण मिलता है जिसका आजकल काफी बोलबाला है। लेकिन विज्ञान का इतिहास कुछ और ही चित्र प्रस्तुत करता है। विज्ञान की आज की वस्तु किसी सुनियोजित ढंग से ईंट पर ईंट रखकर नहीं बनी। अनेक शिल्पकारों ने इसकी रचना में हाथ बँटाया है। कभी ईंट ही नहीं पूरी दीवार गिरानी पड़ी। शिल्पकार की तरह वैज्ञानिक भी सनकी हुआ करते हैं। किसी अन्तःप्रेरणा से अपनी ही धुन में इस वास्तु को नया रूप देते हैं। कभी अपने हठ से गलत बढ़ौती को बदलने नहीं देते।

फिर भी पॉपर के ढाँचे के कारण टूटते-बनते विज्ञान की वास्तु बनती जाती है। लेकिन हमारी पाठ्य-पुस्तकों में जैसा विज्ञान का जिक्र रहता है वह विज्ञान के वास्तविक रूप के बारे में गलतफहमी बढ़ाता है। न्यूटन हो या आइन्स्टाइन वैज्ञानिक भी आखिर मानव ही है...वह भगवद्‌गीता में वर्णित स्थितप्रज्ञ नहीं होता न तो योगी ही। वह एक सर्जनशील विचारक है जिसमें अभिमान, अहंकार, द्वेष, क्रोध आदि रिपु होते हैं। जैसे साहित्य-संगीत-कला क्षेत्र में रचना करने वाले कुछ अपनी ही धुन में रहते हैं वैसे ही वैज्ञानिक भी।

विज्ञान और वैज्ञानिक इनका वास्तविक चित्र जनसामान्य के आगे रखना आवश्यक है। रॉबर्ट ओपेनहायमर ने कहा है कि "I think that taken as a story of human achivement and human blindness, the discoveries in the sciences are among the great epics, and they should be available in our tradition."

ऐसी पार्श्वभूमि पर मोहन महर्षि जी की यह नाट्यकृति हमें आइन्स्टाइन के जीवन के संघर्षों से परिचित कराती है। 'आइन्स्टाइन एक महान वैज्ञानिक थे जिन्होंने स्पेशल रिलेटीविटी, फोटो इलेक्ट्रिक इफेक्ट, ब्राउनियन मोशन एवं जनरल रिलेटिविटी के द्वारा विज्ञान को एक नया मोड़ दिया।' इस पाठ्य-पुस्तकीय वाक्य से न तो आइन्स्टाइन को न्याय मिलता है न ही उसके जमाने के वैज्ञानिक माहौल से इसका कोई वास्ता है।

आइन्स्टाइन असाधारण वैज्ञानिक थे यह इतिहास बताता है। परन्तु वे 'मानव' कैसे थे ? अपने शोधों, रचनाओं आदि तक पहुँचने में उन्हें तत्कालीन वैज्ञानिक स्थिति से कितना योगदान मिला और कितना विरोध मिला ? इस नाटक की खासियत यह है कि महर्षि ने उस तत्कालीन विज्ञान को उसकी लम्बी ऐतिहासिक परम्पराओं से जोड़ा है उसी तरह भविष्य में बूढ़े आइन्स्टाइन के सिंहावलोकन से भी।

अंग्रेजी में आइन्स्टाइन पर बहुत कुछ लिखा गया है। खुद आइन्स्टाइन ने अपने Autobiographical Notes में अपने उस सृजनात्मक काल की चर्चा की है। लेकिन विज्ञान की गुत्थियाँ सुलझाने वाले इस वैज्ञानिक का अपना व्यक्तित्व भी गुत्थियों से भरा था। इस नाटक में हम उन गुत्थियों की झलकें देखते हैं। ब्रेख़्त ने जैसे गैलिलिओ का व्यक्तिचित्र एक प्रभावी नाटक द्वारा प्रस्तुत किया वैसा ही यहाँ हम आइन्स्टाइन का व्यक्तिचित्र देखते हैं। और 'गैलिलिओ' की तरह 'आइन्स्टाइन' में भी हम नाट्य-माध्यम के प्रभावशाली आविष्कार देखते हैं। निश्चय ही हिन्दी साहित्य के लिए यह एक बड़ी देन है।

फिर भी जिस कुशलता से आइन्स्टाइन का व्यक्तिचित्र यहाँ रँगा गया है उसे देखकर मैं आशा करता हूँ कि यह रचना अंग्रेजी तथा अन्य भाषाओं में भी दर्शकों के सामने आएगी।

जयन्त नार्लीकर

मार्च 1995

आयुका,
पुणे 411007

मंच पर निम्नलिखित कलाकारों ने भाग लिया

अल्बर्ट आइंस्टाइन
ज़ाकिर हुसैन
बच्चा आइंस्टाइन
हरविन्दर कौर
जवान आइंस्टाइन
यशपाल शर्मा
बालिका
नूपुर तिवारी
इसाई शिक्षक
महेन्द्र शर्मा
राबी शिक्षक
राजेश सिंह
जिप्सी जादूगर
एहसान ख़ान
जिप्सी बंजारन
उमा वैश्य
मोटी औरत
प्रतिमा काज़मी
हेलन
वाणी सिंह
अरस्तू
मुकेश तिवारी

चेयरमैन
महेन्द्र शर्मा
स्लेव
एहसान ख़ान

थियोफास्टस
अखिलेश खन्ना
डिसाइपल
महेन्द्र शर्मा, राजेश सिंह, मोतीलाल खरे
कोपरनिकस
ज्ञान प्रकाश
कैप्लर
सुशील भोले
गैलीलियो
चितरंजन गिरि
मिलिवा
सपना मुद्गल
मारग्रेट
प्रतिभा जगताप
मार्शल
रोहिताश्व गौड़
मैक्स
विवेक मिश्र
माइकल एन्जलो बैसो
श्रीवर्धन त्रिवेदी
वैज्ञानिक
दिवान सिंह, मोतीलाल खरे, राजेश सिंह, हिमांशु बी. जोशी

ACT — 1

SCENE – I

A single violinist stands up in the orchestra pit or down centre on the apron-stage, and begins to play a quiet melodious piece from Schubert. Slowly the floor of the white stage begins to glow. Almost simulteneously white cyclorma comes up and reveals a stooped figure of Dr. Albert Einstein, now sixty eight and is going through the motions of playing on his violin. As he stops, after a while, the man in the orchestra pit also stops playing and sits down. As E moves in silence some elements in his study at his home in Princeton are revealed. E Keeps the violin on top of a shelf and moves to his table, examines some sheets of papers looks up and speaks to the audience directly.

अल्बर्ट आइन्स्टाइन : अड़सठ साल की उम्र में, मैं यहाँ इस मेज़ पर बैठकर कुछ अपना मर्सिया-सा लिख रहा हूँ। मैं ये क्यों कर रहा हूँ ? शायद इसलिए कि पीछे मुड़ कर अपनी ही जद्दोज़हद का जायज़ा ले सकूँ। या शायद इस उम्मीद में कि मेरी यह कोशिश मेरे पीछे आने वाले लोगों का रास्ता कुछ ज़्यादा साफ़ और सहल कर देगी। कामयाबी के आसार बहुत ही कम हैं। एक शख्स की कामकाज़ी जिन्दगी, चाहे वो कितनी भी छोटी क्यों न हो, बहुत फैली हुई होती है और उसमें बेकार का हिस्सा भी काफी होता है। इस के अलावा दोस्तों-दुश्मनों ने मिलकर काफी कुछ लिख-कह डाला है। फिर भी बहुत से लोग ऐसे हैं जो अब भी मुतमईन

नहीं है। मैं भी मुतमईन नहीं हूँ। बराबर लगता है कि कुछ बच रहा है मेरी ज़िन्दगी में जिसे अनकहा नहीं छोड़ा जा सकता।

Pause – जिसे कहना आसान भी नहीं। आज जो आदमी अड़सठ का है वो पचास या तीस या बीस की उम्र में क्या था ? कहना तो क्या, महसूस करना भी मुश्किल है। हर पुरानी याद आज के चश्मे से ही देखी जा सकती है। इसमें धोखा हो सकता है। लेकिन मैं कोशिश करूँगा। मेरे तजर्बे में कुछ खुफ़िया कोने हैं जहाँ किसी और की गुज़र नहीं।

Something brightens up in his conciousness.

छोटी उम्र में ही मैं अपने साथियों से कुछ अलग और जरूरत से ज़्यादा संजीदा करार कर दिया गया। स्कूल में मैं चुप रहता था इसलिए शायद बुद्धू समझा जाता था। लेकिन मेरी माँ को अपने बेटे से बहुत उम्मीदें थी। ''मेरा बेटा एक दिन बड़ा प्रोफेसर बनेगा।'' घर पर ट्यूटर लगाई गई। ज़बरदस्ती वायलिन सिखाया गया। ''इसके लिए मैं तुम्हारा बहुत शुक्रगुज़ार हूँ माँ।'' असल बात ये थी कि तभी से तमाम इन्सानी कोशिशें, ख़्वाहिशें मुझे बेमानी लगती थीं।

A child of about 10, has already entered the stage with some books, which he has spread on the floor. Squatting he reads on leisurely but with great attention.

यूँ तो हर सोचने समझने वाले शख़्स को ख़दशात उधेड़ते हैं, कभी न कभी। पर मैं इस ख़ालीपन से कुछ जल्दी ही दो-चार हो गया। वक्त से काफी पहले गिरफ़्त में आ गया। बचपन गुजरा भी न था कि पकड़ा गया। इन्सानी तहज़ीब के दोग़लेपन से वाकिफ़ हुआ और न जाने कैसे ये समझ गया कि लच्छेदार जुमलों और बड़े-बड़े अल्फ़ाज की आड़ में लोग जल्लादी खेल खेलते हैं। खेल में हिस्सा लेना मजबूरी है। क्योंकि इन्सान के बदन का एक हिस्सा पेट भी है। इस खेल में पेट तो भरता है पर रूह प्यासी रह जाती है।

Pause : A Christian teacher and a Rabbi enter almost simulteneously. While the Rabbi remains deep into the background a mere shadow, the Christian teacher faces the child squarely.

क्रिसचन टीचर : अब मैं तुम्हें वो चीज़ दिखाने वाला हूँ जिससे यहूदियों ने ईसा को नोचा था।

Produces a toe-nail.

रैबी : In suppressed tone. ये सब ग़लत है अल्बर्ट, झूठ है।

टीचर : इधर आओ अल्बर्ट।

Albert does not move. Teacher moves to him with a ruler in his hand.

हाथ उलटे करो।

बच्चा : क्यूँ ? मेरा क़सूर क्या है ?

टीचर : तुम मुस्कराए क्यूँ ?

बच्चा : मुस्कराना कसूर है ?

टीचर : गुस्ताख़ी है। हाथ उलटे करो !

आइन्स्टाइन : अच्छा होता कि वो कुर्सी उठा कर मैं उस मास्टर के मुँह पर दे मारता। लेकिन ये सज़ा मुझे किसी-न-किसी को तो देनी थी।

The child picks up a chair and throws it off-stage.

घर पर जो मास्टरनी आती थी, इसके बाद नहीं आयी। उस दिन मेरी छोटी बहन बहुत डर गयी थी मुझसे।

He laughs aloud. Suddenly stops.

हेलन, माया की तबियत अब कैसी है ? अब भी बुख़ार है ?

To the audience माया की तबियत ठीक नहीं। बीमार रहती है। मास्टर की पकड़ से छूटने का तब केवल एक ही रास्ता सूझता था—मज़हब। और इस तरह एक निहायत ग़ैरमज़हबी माँ-बाप का बेटा कट्टर यहूदी हो गया।

The Christian teacher exits while the Rabbi comes close behind E. At the same time a young bearded man enters and hands over some more books to the child.

बारह साल की उम्र में मज़हब की बैसाखी भी अचानक छिन गई जब मैक्स अंकल ने ए. बर्नस्टाइन की चन्द साइंस की किताबें मुझे दीं।

"पोलीन ये लड़का मैक्स कौन है ?"

"एक ग़रीब यहूदी है बेचारा। साइंस पढ़ने आया है शहर में।" मेरी माँ ने जवाब दिया तो पिता ने कहा, "तुम्हें कहाँ मिला ?" "हमारी एसोसिएशन ने कुछ ऐसे स्टूडैन्टस की मदद करने की बात सोची है जो ग़रीब हैं और अपनी पढ़ाई का खर्चा नहीं उठा सकते। मैक्स हफ़्ते में एक बार हमारे यहाँ खाना खाएगा। अल्बर्ट को मैथेमैटिक्स में मदद हो जाएगी।"

वो किताबें पढ़कर बाइबल की कुछ बातें मुझे ग़लत लगीं। नतीजतन एक कट्टर मज़हबी बच्चा एक उससे भी ज़्यादा कट्टर आज़ाद ख़्याल नौजवान बन गया। ये ख़ौफनाक अहसास लेकर मैं बड़ा हुआ कि हुकूमत जान-बूझकर हमें झूठ में पकड़े रखना चाहती है। धर्म की आड़ में हमें गुमराह किया जाता है। इस तरह, हर तरह की मुख़्तारी पर मेरे दिल में शक बैठ गया। इस शक से मैं आज तक बरी नहीं हो पाया हूँ। हालाँकि उम्र और समझदारी ने इस अहसास की तुर्शी कुछ कम कर दी। सड़े-गले ख़यालात। सीला मलबा जो अब लपट नहीं पकड़ता। सिर्फ़ एक गर्म

सड़ाँध फैलाता रहता है। छोटी-छोटी ख़्वाहिशें। ज़रा-ज़रा सी उम्मीदें। लंगड़ी ज़िन्दगियाँ। मैं बौनेपन से छुटकारा चाहता हूँ।

Music, Cyclorama Lights up.

ये आसमान का टुकड़ा। एक पूरी कायनात की तरफ महज एक इशारा। एक अबूझी पहेली से जूझने की प्यारी-सी दावत। मैं जल्दी ही समझ गया कि जिन लोगों की मैं इज्ज़त करता था वो वही थे जिन्होंने इन मुट्ठीभर सितारों से उलझ कर बुलन्दी पायी थी। मैक्स ताल्मुड की दी हुई किताबें और रोशनी के ये गुच्छे। तरक्की का ये रास्ता .खूबसूरत तो था, पर मज़हब की तरह सहल नहीं। फिर भी, भरोसेमन्द तो था। इस रास्ते जो लोग गए या उस वक्त जा रहे थे उन की खोजी पगडंडियाँ दोस्त तो थीं। इस खुली खिड़की का दावतनामा कबूल कर के ही निजात के रास्ते मेरे लिए भी खुलेंगे, ये उम्मीद थी, ये भरोसा था।

Music fades out.

ये जो फैसला मैंने उस वक्त किया, मुझे आज तक उससे मलाल नहीं। E. is looking for something in the room, finds it in his pocket. It's a pipe.

कई बार किसी इन्सान में एक .ख़ूबी इतनी उभर आती है कि उस की शख़्सियत के दूसरे हिस्से पनप नहीं पाते। अगर किसी को बहुत सिलसिलेवार ढंग से सोचने की आदत हो जाए तो वो वाक़यात को पूरे चमत्कार के साथ याद नहीं कर पाता। वो सलाहियत मुझ में नहीं। अपनी ज़िन्दगी में कोई नाटकीय मोड़ भी मैं नहीं देख पाता। शायद मेरे बारे में सिर्फ़ इतना कहना सही होगा कि जैसे-जैसे मैं आगे बढ़ता गया, कुछ बुनियादी फ़िक्रे मेरे बाक़ी ख़यालात से खुद-ब-खुद जुदा हो गईं।

Looks at the child who is still absorbed in his physics books. A small girl joins him.

लड़की : मुझसे खेलो।

बच्चा : तुम कोई खिलौना थोड़ी ही हो ?

लड़की : फिर तुम मुझे गुड़िया क्यूँ कहते हो ?

बच्चा : नहीं, तुम गुड़िया नहीं हो।

लड़की : क्यूँ ?

बच्चा : तुम्हारे पहिये कहाँ हैं ?

E laughs affectionately and continuosly. The girl exits. Child pays attention to his books.

आइन्स्टाइन : Through the somke of his pipe. मैं सपना देख रहा हूँ या सोच रहा हूँ। तस्वीरें उभर रही हैं, एक के बाद दूसरी…तीसरी

…एक का दूसरी से कोई रिश्ता नहीं…इसे सोचना नहीं कहा जा सकता। पर अब, एक ही तस्वीर बीच-बीच में बार-बार उभर रही है और ज़हन में तरतीब पैदा कर रही है–अब मैं, सोच रहा हूँ …हेलन…मार्गोट…लगता है, दोनों कहीं चली गयीं। मैं माया का बुख़ार देख कर अभी आया। मेरी बातों से मेरा जो ख़ाका आपके ज़हन में उभरा है, उससे आप कुछ देर खेलें, इसमें मनचाहे रंग भरें। मेरी इज़ाज़त है। पर ध्यान रहे कि आप बुनियादी तस्वीर को ही कुछ से कुछ न कर दें। खिलाड़ी हैं तो खेल के ख़तरों और क़ायदों से भी आप वाक़िफ होंगे।

Exits.

The child keeps the open book on the floor, moves to E's blackboard which is full of intricate mathematical calculations. He surveys it for sometime then rubs clean a small corner of the blackboard, draws Pythagorus theorum. Enters E.

आइन्स्टाइन : यह क्या किया तुमने ?

बच्चा : Frightened माफ कर दीजिए डॉ. आइन्स्टीन मुझे थोड़ी जगह चाहिए थी।

आइन्स्टाइन : to the audience मेरा ब्लैक बोर्ड एक मिनियेचर यूनिवर्स हो गया। मैं हाल और माज़ी को एक साथ देख रहा हूँ।

Laughs.

Then suddenly be comes firm.

तुमने इस थियरम को ऐसे क्यूँ किया ? वैसे क्यूँ नहीं किया जैसे कि होली बुक आफ ज्योमैट्री में है ? हाथ उलटे करो।

They both laugh.

आइन्स्टाइन : वैसे आप हैं कौन जनाब ?

बच्चा : एक बच्चा। आपको इसका सबूत चाहिए ?

आइन्स्टाइन : जी नहीं शुक्रिया।

बच्चा : तो आप मानते हैं कि मैं एक बच्चा हूँ।

आइन्स्टाइन : जी मानता हूँ।

बच्चा : तो आप मेरे कुछ सवालों के जवाब दीजिए।

आइन्स्टाइन : ये क्या ज़रूरी है ?

बच्चा : यस सर। जरूरी है।

आइन्स्टाइन : क्यूँ ?

बच्चा : Slowly क्यूँ कि बच्चे सवाल पूछते हैं। Then loudly बच्चे सवाल पूछते हैं। Pause.

आइन्स्टाइन : (Copying his tone) हाँ··· बच्चे सवाल पूछते हैं। Then loudly बच्चे सवाल पूछते हैं। They both laugh again.

बच्चा : बच्चों के सवालों का जवाब बड़ों को देनें चाहिए।

आइन्स्टाइन : हाँ देनें चाहिए।

बच्चा : तो बस आप जवाब दीजिए।

आइन्स्टाइन : ठीक है। पूछिए।

बच्चा : तो बताइए कि–

आइन्स्टाइन : रुकिए, रुकिए।

बच्चा : क्या हुआ ?

आइन्स्टाइन : पहले आप ये बताएँ कि आप कितने सवाल पूछेंगे ?

बच्चा : क्यूँ ?

आइन्स्टाइन : मेरे पास वक़्त कम है।

बच्चा : टाइम।

आइन्स्टाइन : हाँ टाइम।

Pause.

बच्चा : तो फिर यूँ करते हैं आप और मैं–

आइन्स्टाइन : हाँ···

बच्चा : एक बहुत तेज़ रॉकेट में बैठ जाते हैं जो प्रकाश की गति से चल रहा है। फिर वक़्त गुज़रेगा ही नहीं। और हम ढेर सारी बातें कर सकेंगे।

E remains silent.

बच्चा : बोलिए, हो जाए ?

आइन्स्टाइन : नहीं।

बच्चा : क्यूँ ?

आइन्स्टाइन : ये शायद अभी मुमकिन नहीं।

बच्चा : क्यूँ मुमकिन नहीं ?

आइन्स्टाइन : क्यूँ कि रॉकेट नहीं है।

बच्चा : क्यूँ नहीं है ? हम मान लेते हैं कि ऐसा रॉकेट है और हम दोनों उसमें बैठे हैं।

The child brings out an ordinary helmet from his bag and wears it. E laughs. C proceeds to unbutton his knickers.

आइन्स्टाइन : अरे क्या कर रहे हो ?

बच्चा : अपना स्पेस सूट पहन रहा हूँ।

आइन्स्टाइन : रहने दो—उसकी ज़रूरत नहीं है।

बच्चा : क्यूँ नहीं है ? बल्कि आप को भी पहनना चाहिए। इसके बिना हम वहाँ मर जाएँगे—स्पेस में।

आइन्स्टाइन : नहीं मरेंगे। क्यूँकि हम वहाँ जा ही नहीं रहे हैं।

बच्चा : आपको डर लगता है ?

आइन्स्टाइन : नहीं। मैं वहाँ हो आया।

Child looks at him with open eyes.

बच्चा : Slowly एक···दिन मैं भी···जाऊँगा। Then loudly एक दिन मैं भी जाऊँगा।

आइन्स्टाइन : हाँ ज़रूर जाओगे।

बच्चा : सचमुच ?

आइन्स्टाइन : सचमुच जाना उतनी बड़ी बात नहीं है। ख़याल में जाना उससे भी बड़ी बात है। ख़याल में जाना और फिर उसे साबित करना। मैथमैटिक्स के ज़रिए। जिससे कि लोग सचमुच जा सकें। थौट एक्सपेरिमेन्टस !

बच्चा : लेकिन मुझे सचमुच जाना है। हम इस जगह को रॉकेट बना देते हैं।

आइन्स्टाइन : कैसे ?

बच्चा : बताऊँ ?

आइन्स्टाइन : alert बताओ।

बच्चा : बता दूँ।

आइन्स्टाइन : हाँ भई बताओ।

बच्चा : बता दूँ ? पक्का ?

आइन्स्टाइन : अब बता भी दो वरना—gets up.

बच्चा : रुकिए-रुकिए।

आइन्स्टाइन : बताओ फिर।

बच्चा : Smiling क्या ?

आइन्स्टाइन : Now really angry यही कि हम इस जगह को रॉकेट कैसे बना सकते हैं।

बच्चा : मैं समझा आप समझ गए होंगे।

आइन्स्टाइन : नहीं···नहीं···समझा। बताओ, हम इस जगह को रॉकेट कैसे बना सकते हैं ?

बच्चा : Laughing जैसे हमने आपको आइन्सटाइन बनाया। Pause.

आइन्स्टाइन : ठीक है। तुम सवाल पूछो।

बच्चा : कितने ?
आइन्स्टाइन : जितने चाहो।
बच्चा : मगर आपका टाइम–
आइन्स्टाइन : उसे भूल जाओ।
बच्चा : कैसे ?
आइन्स्टाइन : अरे बाबा कहाँ न टाइम है।
बच्चा : कितना ?
आइन्स्टाइन : ढेर सारा।
बच्चा : क्यों ?
आइन्स्टाइन : क्योंकि मुझे लग रहा है कि मैं रॉकेट में बैठा हूँ।
The child claps.
बच्चा : सवाल नम्बर एक–अचम्भा क्या चीज़ है ?
आइन्स्टाइन : क्या ? क्या क्या चीज़ है ?
बच्चा : अचम्भा…वन्डर। क्या चीज़ है ? Pause.
आइन्स्टाइन : Suspiciously अब मुझे तुम्हारे बच्चा होने का सबूत चाहिए।
बच्चा : अब क्यों चाहिए ?
आइन्स्टाइन : क्योंकि…
बच्चा : मैं बताऊँ ?
आइन्स्टाइन : बताओ।
बच्चा : क्योंकि आपको लगता है कि बच्चा ऐसे सवाल कैसे पूछ सकता है।
आइन्स्टाइन : नहीं…नहीं…यह बात नहीं।
बच्चा : फिर क्या बात है ?
आइन्स्टाइन : E. is silent.
बच्चा : यही बात है ना ? पर ये बात तो बहुत आसान है।
आइन्स्टाइन : कैसे आसान ?
बच्चा : इसलिए कि जैसे आप बच्चे थे सर, मैं वैसा ही बच्चा हूँ।
E stares at him.
बच्चा : सर, मैं इस नाटक में छोटे आइन्सटाइन का पार्ट कर रहा हूँ।
आइन्स्टाइन : as if speaking to himself.
वन्डर…यानि अचम्भा क्या चीज़ है ?
Then loudly वन्डर यानि अचम्भा क्या चीज़ है ?
आइन्स्टाइन : Dies 'Sich wondern' scheint danna aufzutreten wennein Erlebnis mit einner in uns hinrechend fixierten

Begriffswelt in knoflikt kommt.

Child laughs and claps.

आइन्स्टाइन : क्या हुआ ?

बच्चा : आपने बता दिया।

आइन्स्टाइन : With wonder कैसे ?

बच्चा : मैं समझ गया।

आइन्स्टाइन : मगर कैसे ?

बच्चा : जो मुझे इस वक़्त हुआ वही वन्डर है।

आइन्स्टाइन : Puts his hand on child's head.

बच्चा : आप मुझसे ख़ुश हैं ?

आइन्स्टाइन : हाँ बहुत।

बच्चा : फिर बताइए ना आपने क्या कहा ?

आइन्स्टाइन : हमारे दिमाग़ में ख़यालात जड़ जमा लेते हैं। और हमें ऐसा लगता है कि ये चीज़ ऐसे ही है। फिर किसी वक़्त अचानक हमें एक नया तजुर्बा होता है। जो उस जड़ जमाए ख़्याल के एकदम ख़िलाफ़ पड़ता है। उस वक़्त जो जज़्बा हमारे भीतर पैदा होता है उसे हम अद्‌भुत या वन्डर कहते हैं।

E gets up and moves to his table drawer.

तुम जानते हो ये क्या है ?

The man in orchestra pit gets up and plays Mozart. A woman appears on stage with a beautiful white embroidered sheet and a light blue silk pillow spreads it on the stage, child lies down on it.

आइन्स्टाइन : Softly मैं चार बरस का था जब पापा ने मुझे ये दिया था।

बच्चा : उस दिन मैं बीमार था। मुझे तेज़ बुखार था।

आइन्स्टाइन : देखो बेटे, हम तुम्हारे लिए क्या लाए हैं ?

बच्चा : घड़ी ?

आइन्स्टाइन : हाँ। मगर इस घड़ी को कम्पास कहते हैं। ये दिशा देखने के काम आती है। इसकी सुई तुम से भी ज़्यादा ज़िद्दी है। किधर भी घुमाओ हमेशा उत्तर-दक्खन ही दिखाती है।

MUSIC

The Child plays with the compass.

आइन्स्टाइन : To the audience उस सुई ने मुझे अचम्भे में डाल दिया। मुझे पहली बार पता चला कि कुछ ऐसी अनदेखी ताकतें हैं जो खुफिया

तौर पर हमारी देखी-भाली दुनिया पर असर डालती हैं, जो फ़ौरन हमें समझ में नहीं आतीं, दिखायी नहीं देतीं पर फिर भी होती हैं।

The Child gets up and moves. Music fades out.

आइन्स्टाइन : अरे यह क्या कर रहे हो तुम ?

बच्चा : ये सुई इतनी ज़िद्दी क्यों है ? एक ही तरफ इशारा करती है ? यह मुझे किसी खुफिया जगह ले जाना चाहती है। मैं इसके पीछे-पीछे जाता हूँ।

आइन्स्टाइन : नहीं। तुम्हें सर्दी लग जाएगी।

बच्चा : आप माँ की तरह बातें करते हैं।

आइन्स्टाइन : नहीं। ये सुई तुम्हें नोर्थ पोल ले जाएगी। जहाँ बर्फ़ ही बर्फ़ है।

बच्चा : बर्फ़ ही बर्फ़। बर्फ़ के घर-बर्फ़ की नदियाँ···बर्फ़ की मेज़-कुर्सियाँ ···बर्फ़ के पेड़···बर्फ़ ही बर्फ़···सफ़ेद···

Gets lost in thought.

आइन्स्टाइन : Softly ऐसा ही अचम्भा मुझे फिर हुआ—बारह साल की उम्र में। ज्योमैट्री की जो किताब मुझे स्कूल से मिली उस में यूक्लिड के दिए हुए सीधे-सीधे फार्मूले थे। पर उनके सबूत नहीं थे। कुछ तो इतने साफ़ और ज़ाहिर थे कि उन्हें साबित करने की जरूरत ही नहीं थी। लेकिन कुछ ऐसे थे जो बिल्कुल ज़ाहिर नहीं थे। उनका हल ढूँढ़ने में बहुत मज़ा आता था। मुझे पहली बार लगा कि मैथेमैटिक्स 'सच' तक पहुँचने का एक ज़रिया है। ऐसा ठोस सच जिसे साबित किया जा सकता है। उससे भी ज़्यादा हैरानी की बात ये थी कि उस सच का रिश्ता क़ुदरत से था···

बच्चा : दुनिया को ज्योमैट्री से समझा जा सकता है।

The child is now standing on a stool near the blackboard.

आइन्स्टाइन : तुमने यह क्या बना डाला ? Points at the board. पवनचक्की ?

बच्चा : नहीं, नाचते मोर की पूँछ।

आइन्स्टाइन : बिल्कुल नहीं—ये तो बीवी की कुर्सी है—लेडीज़ सीट—

बच्चा : कैसे ?

आइन्स्टाइन : देखो ये आदमी का सर—ये उसकी टाँगें—ये उसकी पीठ जिस पर लद कर उसकी बीवी बैठती है।

Child jumps on his back.

आइन्स्टाइन : अगर मेरी बीवी होती वो तुम्हें पीटती···तुमने उसकी सीट ले ली—

बच्चा : मुझे पायथागोरस के बारे में बताओ···बताओ वो कैसा था···कहाँ

रहता था ?

आइन्स्टाइन : लोगों की ज़ाती-जिन्दगी के बारे में मैं नहीं जानता...और उनके काम के बारे में सिर्फ़ उतना ही जितना कि मेरे काम का है–

बच्चा : फिर भी···कुछ तो ?···

आइन्स्टाइन : मैं सिर्फ़ इतना जानता हूँ कि वो ग्रीस में रहता था···क्रोटोन नाम के शहर में जो अब इटली का हिस्सा है। उसने अपने खास चेलों की खुफिया सोसायटी बनायी थी जिसे क्रोटोन के लोग पायथागोरियन कहते थे। अपना इल्म वो सिर्फ़ अपने चेलों को बाँटता था। उसने हमें लफ़्ज दिया मैथेमैटिक्स–यानि कि वो जो जाना जा सकता है। 'इसलिए तुम मैथेमैटिक्स को मुश्किल मत समझो। यक़ीन करो मेरी मुश्किलें तुम से कहीं ज़्यादा हैं।' Joking पायथागोरस ने कहा···

Both laugh.

आइन्स्टाइन : Seriously उसने ये भी कहा–ऑल इज़ नम्बर–सब कुछ अंक ही है···

बच्चा : और ?

आइन्स्टाइन : और ये कि पायथागोरस को फली की सब्ज़ी से बहोत नफरत थी ···मालूम नहीं क्यों ?···और वो गोश्त नहीं खाता था···क्योंकि उसे लगता था कि लोग मर कर जानवर की शक्ल में पैदा हो जाते हैं। इसलिए वो डरता था कि कहीं वो ग़लती से अपने किसी रिश्तेदार या दोस्त को न खा जाए। अब मुझे जाना है···

बच्चा : कहाँ ?

आइन्स्टाइन : झाड़ी में ख़रगोश ढूँढ़ने–अपने शाम के खाने के लिए···मुझे यक़ीन है कि जो ख़रगोश आज शाम मैं खाऊँगा वो मेरा चाचा या ताऊ क़तई नहीं हो सकता···

हेलन···मैं बाज़ार जा रहा हूँ–मीट ख़रीदने···तुम्हें कुछ चाहिए ?

हेलन : From inside एक मिनट···एक मिनट···enters ये थैला ये कोट···

आइन्स्टाइन : कोट नहीं चाहिए–

हेलन : बारिश है बाहर···She lifts E's pant a little—मोज़े नहीं पहने ?

आइन्स्टाइन : नहीं···कबर्ड में सिर्फ़ एक मोज़ा है–उसमें भी मोज़ा कम छेद ज़्यादा···

हेलन : मैं दूसरा देती हूँ···

आइन्स्टाइन : नहीं···ज़रूरत नहीं···

हेलन : पैसे हैं ?

E does not move—

हेलन : ये लो।

आइन्स्टाइन : तुम मुझे बच्चा समझती हो ?

हेलन : माफ कीजिए—आप देह से बुजुर्ग हैं पर सर अभी भी बच्चों वाला है—

E moves to go out. Helen follows him.

हेलन : एक मिनट···एक मिनट···ये लो

आइन्स्टाइन : ये किसलिए ? पर्स तो है।

हेलन : खुले पैसे हैं—ये जाने के लिए···ये आने के लिए···मिलाना मत··· गिनना मुश्किल होगा···

आइन्स्टाइन : Change in both his hands बस हो गया ? अब मैं चलूँ ?···

हेलन : एक मिनट।···पता मालूम है ?

आइन्स्टाइन : मीट शॉप का ?

हेलन : नहीं अपने घर का...112 मर्सर स्ट्रीट...प्रिन्स्टन...

जी हां...यह है 112 मर्सर स्ट्रीट—डॉ. आइन्स्टाइन की ज़िंदगी का आख़री मक़ाम...जब से इनकी बहन माया बीमार पड़ी है, मैं इनकी सेक्रेटरी, हेलन दुकास और इनकी सौतेली मार्गोट इनकी देखभाल करते हैं...इस छोटे से, और कुछ हद तक सुस्त शहर के बाशिंदों को अब अपने ओल्ड अल्बर्ट की आदत पड़ गयी है—

The small girl comes back.

हेलन : क्या चाहिये ?

लड़की : अल्बर्ट अंकल।

Coughing from inside the house. Helen turns to look at the door and then at the girl.

हेलन : क्या काम है ?

लड़की : मेरा ख़रगोश झाड़ी में खो गया है—

हेलन : To the audience ये खोया हुआ ख़रगोश एक्स है—और झाड़ी अलजेब्रा की इक्वेशनस्...यानि इस बच्ची का पूरा होम वर्क, जो बाज़ार से लौटकर डॉ. अल्बर्ट आइन्स्टाइन खुद करायेंगे...उसके बाद कमज़कम एक घंटा बीमार बहन को अख़बार पढ़ कर सुनायेंगे—फिर हम लोग खाना खायेंगे—कुछ रेडियो सुनेंगे—और सो जायेंगे—मैं और मार्गोट—अल्बर्ट के कमरे की बत्ती देर रात तक जलती रहेगी...उनकी सेहत का ख्याल करके अगर मैं इस बच्ची को वापस भेज दूं तो मुझे सख़्त डांट पड़ेगी...बैठ जाओ बेटे—अभी आयेंगे अल्बर्ट अंकल।

End of Scene I

Scene—2

As Helen Dukas was speaking, the frugal furniture in Scene I began to slide out. The stage is now white and bright empty space. The musician in the black suit gets up again in the orchestra pit and plays a piece from Mozart. The moon comes up, white light changes into soft blue. Shadows on stage suggest trees. Two white benches face the audience. E 1 (आई. 1) in black suit occupies one bench, lights a cigarette. Enters E. E 1 (आई 1) stands up to face him. He is young Eienstien.

आइन्स्टाइन : आज तारीख 13 अगस्त, 1948 है।

E 1 in black suit moves a little forward.

आइन्स्टाइन 1: आज 29 अक्टूबर, 1896 है। Pause.

आइन्स्टाइन : मेरे फोटो अल्बम से सीधे उतर कर आए हो। ज़्यूरिच कैसा लग रहा है ?

आइन्स्टाइन 1: बहुत अच्छा। बहुत, बहुत अच्छा।

आइन्स्टाइन : तुम ख़ुश हो ?

आइन्स्टाइन 1: हाँ बहुत। आज मुझे पोलिटेक्निक में दाख़िला मिल गया। आप ?

आइन्स्टाइन : मैं भी ठीक ही हूँ। यहाँ, प्रिंस्टन में।

आइन्स्टाइन 1: अब तो फिज़िक्स काफ़ी आगे बढ़ गयी होगी।

आइन्स्टाइन : काफ़ी।

आइन्स्टाइन 1: क्या काम हो रहा है ?

आइन्स्टाइन : कुछ अच्छा काम हुआ एक्सपेरिमैन्टल फिज़िक्स में लेकिन थ्योरी अभी कमजोर पड़ गयी है। मेरे ख़्याल में बढ़िया दिमाग तंग

गलियों में बिखर गए हैं। यहाँ प्रिंस्टन में लोग मुझे बुड्ढा, सनकी कहते हैं। एक म्यूज़ियम पीस हूँ मैं।

आइन्स्टाइन 1: ज्यूरिच खूबसूरत शहर है। आज मुझे बहुत प्यारे लोग मिले। मैंने कविता लिखी है–

''मेरी प्यारी-सी नन्हीं गुड़िया
मैं तेरे लिए क्या लिख दूँ ?
बहुत बातें याद आती हैं।
तेरे लाल होंठों पर

आइन्स्टाइन : Continuing

हल्का-सा चुम्बन
तुझे शायद नाराज़ किया मैंने
पर रोना मत
तू सज़ा दे मुझे ज़रूर
वैसे ही चुम्बन एक
तू ले मेरे होंठों का

आइन्स्टाइन 1: Continuing

ये छोटा-सा सलाम
अपने शरीफ़ दोस्त का
क़बूल कर।

आइन्स्टाइन : Laughs देखा जाए तो मैं काफी बदमाश था। अब भी हूँ। वो लड़की आना शिकमिड पैराडाइज़ होटल के मालिक की साली थी। सत्रह साल की रही होगी।...पिछले हफ्ते मिलीवा मर गयी।

आइन्स्टाइन 1: मुझे आज एक लड़की मिली–मिलीवा मारेच। उसके साथ उसकी सहेली थी–मागरिट। मुझे इस तरह की, छोटी सी–संजीदा सी लड़कियाँ अच्छी लगती हैं। भारी-भारी किताबें उठाए रहती हैं। काफ़ी सीरियस स्टूडैन्ट लगती है।

आइन्स्टाइन : बहुत मेहनती औरत थी।

आइन्स्टाइन 1: मैंने मार्सेल को उससे मिलाया।

आइन्स्टाइन : मार्सेल ग्रॉसमान। एक ईमानदार मेहनती शख़्स, और एक वफ़ादार दोस्त।

आइन्स्टाइन 1: हम लोग एक कैफे में गए। काफी बातें हुईं। ट्रॉट्स्की, बालज़ाक, डिकन्स, दोस्तोयेव्हस्की। मिलीवा चुप-चुप रही, सारी शाम। मार्सेल सिर्फ उन्हीं चीज़ों के बारे में बोलता है जो वो जानता है। लेकिन मागरिट हर चीज़ के बारे में बोलती है, जाने या ना जाने। जो कुछ भी हो बातचीत गर्म रखती है। पहली मुलाक़ात में काफ़ी दिलचस्पी ले रही थी मुझ में। मेरा वायलिन सुनना चाहती थी।

बातों ही बातों में ये खबर हमने फैला दी कि हम काफ़ी अच्छे संगीतकार हैं। इसका असर पड़ता है लड़कियों पर।

E is laughing throughout.

आइन्स्टाइन : हमारा एक और दोस्त था। मायकल एंजलो बेसो। इन्जिनियरिंग पढ़ रहा था।

आइन्स्टाइन 1: कुल मिलाकर ई. टी. एच. में अपनी जमेगी।

आइन्स्टाइन : ई. टी. एच. मतलब Eidgenossische Technische Hochschule यानि फैडरल इंस्टीट्यूट ऑफ टैक्नोलोजी। उस वक़्त फ़िजिक्स की बहोत सी प्रॉब्लेम्स में मुझे दिलचस्पी थी। इलैक्ट्रोमैगनेटिज़्म ग्रॉविटेशन और सब से ज्यादा ईथर। मुझे तब भी लगता था कि इलैक्ट्रो-मैगनेटिज़्म और ग्रॉविटेशन में कोई आपसी रिश्ता है। ये दोनों फोर्स अलग-अलग नहीं हैं।

MUSIC

आइन्स्टाइन 1: मैं रोशनी पर सवार होकर आसमानों से गुज़र जाना चाहता हूँ। वक़्त से आज़ाद, अनजाने ख़्यालों के खुफिया कोने में। चाहता हूँ कि तमाम, क़ुदरत मेरे सामने अयाँ हो जाए, सब राज़ खुल जाए, एक रोशन मंज़र की तरह जो अब तक इंसान से पोशीदा हैं। रोशनी के रथ पर सवार ईथर को अपने बदन पर मैं महसूस कर सकूँ। He gets lost.

आइन्स्टाइन : काश मैं तुम्हें बता सकता कि ईथर सिर्फ़ सपना है। ईथर का ख़याल ग़ैरज़रूरी है। लेकिन ये सो गया…गहरी नींद…बेफिक्र फिर भी बेचैन नींद…। मगर इसकी चेतना की तहों में अनजानी बेताबियाँ हैं। क़ुदरत एक अबूझी पहेली है, जिसका हल खोया हुआ है…अब भी। फर्क सिर्फ इतना है कि ये बावजूद अपनी बेताबियों के नींद में डूबा है और यहाँ नींद ग़ायब है। आज दुनिया ने मुझे एक हाशिये पर छोड़ दिया। लेकिन मुझे लगता है मैं जल्दी ही वापस आऊँगा क्योंकि सही रास्ते पर हूँ। एक सवाल मैं इससे पूछना चाहता हूँ। यह चाँद क्यों है ? यह चाँद क्या सिर्फ़ इसलिए है कि हम इसे देख सकते हैं ? न देखें तो नहीं है ? इसकी बला से।…काश मैं इसे बता सकता…अभी। क्या मुश्किलें हैं जो पेश आने वाली हैं—फिज़िक्स में, इन्सानी रिश्तों में। मैं अपने बेटों को नहीं बता पाया। आज मैं बाप की तरह महसूस कर रहा हूँ मगर ये बात मैं किसी से कहूँगा नहीं। जो महज़ ज़ाती है वो सिर्फ मेरा है। जो मैंने साइंस में जाना समझा है, वह सबका है। फिर भी

तुमसे एक बात कहना चाहता हूँ—अगर तुम सुन सको···इन्सान एक अजीब चीज़ है। वो समझता है कि वह दूसरे इन्सान के ज़रिए, ख़ुशी हासिल कर सकता है। ये नामुमकिन है मेरे दोस्त, वह दूसरा आदमी चाहे तुम्हारा कितना भी चहेता क्यों न हो असली ख़ुशी का ज़रिया नहीं हो सकता। मैं इस आदमी नाम के जानवर को ख़ूब जानता हूँ क्योंकि मैं खुद एक हूँ। बहुत ज़्यादा उम्मीद मत रखो। आज मुँह लटका हुआ है तो कल ख़ुशी से दिल बल्लियों उछल रहा है। अभी बीमार हो तो अभी तन्दुरूस्त। कभी मस्ती है तो कभी परेशानी। मुहब्बत का ये सारा ख़याल ग़ैरज़रूरी है···ईथर की तरह। ख़ैर, नहीं जानते तो क्या, कल जान जाओगे।

Exits.

Drums are heard in distance. Lights change as a dream unfolds. E 1 aslo disappears.

जिप्सी जादूगर : मेहरबान कदरदान इस सोने की सन्दूकची को देखें। इसमें एक और सन्दूकची है और उसमें एक और···और फिर एक और।

जिप्सी लड़की : फिर एक और—

जादूगर : इस तरह और-और-और-और।

लड़की : और फिर उसके भीतर—

जिप्सी जादूगर : उसके भीतर वो, जो आसमान में है—सात आसमानों तक फैला है—सात समंदरों पर छाया है—जिसमें धरती घूमती है—सूरज घूमता है—चाँद घूमता है—ग़ैबी गोले चक्कर काटते हैं—वो क्या है जो इन्हें इनके रास्ते पर घुमा रहा है। साहिबान सवाल करता हूँ। पेट के खातिर—

लड़की : क्या सवाल है मेरे आक़ा—ज्युपिटर, वीनस, तारे, ग्रह कैसे अपनी धुरी पर घूमते हैं, पर पेट का इस सवाल से क्या ताल्लुक ?

जादूगर : नहीं समझी ?···समझ जाएगी—अभी उम्र से बच्ची है अक्ल की कच्ची है। लेकिन बात सच्ची है। बहुत ऊपर की चीज इस पिटारी में पकड़ी है···पेट के ख़ातिर मुसीबत मोल ली है—

लड़की : पेट में भी क्या वही चीज़ है आक़ा ?

जादूगर : अरे चुप। अगर जान गयी है तो भी अनजान रह, समझ कर भी नादान रह, वक़्त पे खुलेगा हर राज़, वक़्त का ध्यान रहे।

Both dance and play drums. Enters a fat woman. Both stop.

मोटी औरत : आप लोग क्या साइंसदाँ हैं ? मुझे बताया गया था कि यहाँ बहुत

से साइंसदाँ जमा होंगे। और इस तमाम क़ायनात के राज़ खोल देंगे।

जादूगर : हम तो जादूगर हैं मोहतरिमा। हमारे पास तो सिर्फ एक पिटारा है, जिसमें एक और पिटारा है।

मोटी औरत : मैं यहाँ नटों से मिलने नहीं आयी...बेशर्म आदमी, कम-से-कम इस लड़की का पेट तो ढँक दो।

जादूगर : अरे जाने दीजिए ना मोहतरिमा—ये बेचारी पेट के ख़ातिर पेट दिखाती है।

मोटी औरत : पेट तो हमारे भी है।

जादूगर : वो तो ज़ाहिर है—खूब ज़ाहिर है...

मोटी औरत : मगर हम दिखाते नहीं फिरते...

जादूगर : जरूरत भी क्या ?... जो जग ज़ाहिर है उसे दिखाने की क्या ज़रूरत ?...जो प्रॉब्लैम ज़ाहिर है उसे साबित करने की क्या ज़रूरत ?..., ख़ैर आप छोड़िए इन बातों को। आप साइंसदानों से मिलना चाहती हैं ?...किसलिए ?...क़ायनात के राज़ पूछने के लिए ?

मोटी औरत : नहीं।

जादूगर : तो ?

मोटी औरत : उन्हें बताने के लिए।

जादूगर : अच्छा ? तो आप उनकी क्लास लगाने आयीं ? मैं अभी उन्हें बुलाए देता हूँ। अपने इसी जादू के डंडे से...साहिबान, कदरदान, यहाँ स्कूल लगेगा...नहीं...नहीं एक बहुत बड़ी कॉन्फरेन्स होगी ...जिसमें ये मोहतरिमा लेक्चर करेंगी...असिस्टैंट...कॉन्फरेन्स की तैयारी की जाए।

लड़की : उडद्म-बुडदम् धं धं गुडधं—आक़ा, तैयारी हो गयी।

जादूगर : कैसे ?

लड़की : मंचमंत्र पढ़ दिया। कॉन्फरेन्स का सेट तैयार।

जादूगर : दिखाओ।

लड़की : देखिए मेहरबान—यहाँ एक गोल मेज है—बहुत बड़ी। इतनी बड़ी कि इसका थोड़ा-सा हिस्सा मंच पर है, बाक़ी हॉल में फैला हुआ है। आपके चारों तरफ सदियों पुराने साइंटिस्ट बैठे हैं। बड़े-बड़े नाम जिन्हें मेहरबान, आपने सिर्फ क़िताबों में पढ़ा है। उनके आगे उनके नामों के पट्टे लगे हैं और मेज़ के साथ टाइम का स्केल लगा है। यानि ईसा के पहले के लोग मायनस साइड पर—बी. सी. और

ईसा के बाद के लोग—ए. डी. प्लस साइड पर। इस तरह सारे साइंटिस्ट अपनी-अपनी सेंचुरी के हिसाब से बैठेंगे। युल्किड, डेमोक्रेट्स, पायथागोरस, टोलेमी, आर्किमिडीज़, ऑरिस्टॉटल, विट्रवियस, अपोलोनियस, हिपार्कस, ल्यूसिफस।

जादूगर : बस बस बस

लड़की : अभी तो और है आका—कोपर्निकस⋯

जादूगर : Screaming बस ! इस तरह तो एक्टर्स दर्शकों से ज़्यादा हो जाएँगे।—आप बताइए मोहतरिमा किन-किन को बुला लाएँ ?

मोटी औरत : मैं क्या जानूँ। मेरा बस चलता तो मैं इन्हें मरने नहीं देती। एक बड़ी-सी जेल बनाती सायबेरिया में। वहाँ रख देती सब के सब पाजियों को—क्रिमिनल्स—हमारे गॉड के खिलाफ बोलते हैं Crosses herself.

जादूगर : तो फिर—नाम बताइए ?

मोटी औरत : कहा न मुझे पता नहीं। पता भी होता तो अपनी जुबान से नहीं बोलती।

Enters E somking his pipe.

आइन्स्टाइन : मैं मदद करूँ ? ये लीजिए आपकी गेस्ट लिस्ट, बाक़ी लोग ग़ैरज़रूरी हैं।

जादूगर : शुक्रिया, शुक्रिया—Passes the list to the girl पढ़ो।

लड़की : ग्रुप ए— ऑरिस्टॉटल

ग्रुप बी— कोपर्निकस, केपलर, गैलिलीओ, न्यूटन।

ग्रुप सी— एलेसान्द्रो बोल्टा, आन्द्रे मारियांपिया, मायकेल फॅराडे, जेम्स क्लार्क मैक्सवेल।

ग्रुप डी—

जादूगर : बस, बस, दस हो गए ?

लड़की : बस हो गए।

आइन्स्टाइन : जी हाँ—इतने काफ़ी हैं—वरना उलझन होगी—ग्रुप डी के लोग आसपास हैं, कभी भी आ सकते हैं।

जादूगर : शुक्रिया—आप हमारे सलाहकार हो जाइए।

आइन्स्टाइन : मंज़ूर है।

लड़की : आक़ा ! फिर बुलाइए अपने मेहमानों को—घुमाइए अपना जादू का डंडा।

जादूगर : मोहतरिमा, आपके ख़याल से ये लोग कहाँ होंगे ?

मोटी औरत : नरक में—

जादूगर : ओह ! कड़घम-बड़घम बड़घम बुड़घुम–

लड़की : धड़दं षड़धं धड़ग षड़गं कड़गं धड़गं

Both : धडदं षडध पडधं धडधं

Blasts in blackground — Some lighted balls fall on the stage.

ऑरिस्टॉटल : लाहौलविलाक़ुव्वत, ये शहर है या धुएँ और धूल का बवंडर ?

जादूगर : ये हाजिर हैं आपके सामने साइंस की दुनिया के लकड़दादा जनाब अरस्तू साहब यानि ऑरिस्टॉटल pointing at his ash covered body. हुजूर आपकी ये हालत ? ये क्या आपकी प्रेमिका की ख़ाक है ?

ऑरिस्टॉटल : ख़बरदार, अपनी ग़लीज़ जुबान से उसका नाम न लेना।

जादूगर : माफ़ कीजिए हुजूर। आप अपना लेक्चर शुरू कीजिए। नाश्ता और शराब साथ-साथ चलती रहेगी। ग़ैरज़रूरी लोग बाहर, ज़रूरी लोग अन्दर।

Some people exit while others enter.

ऑरिस्टॉटल : हवा है, पानी है, आग है, धरती है–सारी क़ायनात इन चार चीज़ों से बनी है।

आइन्स्टाइन 1 : ऐसी भी कोई जगह है जहाँ ये चार चीज़ें नहीं हैं–अगर है तो वहाँ क्या है ?

ऑरिस्टॉटल : वहाँ ईथर है। कोई जगह ऐसी नहीं जहाँ कुछ नहीं है–ख़ला, यानि कि ख़ाली जगह क़ुदरत को बर्दाश्त नहीं।

आइन्स्टाइन 1 : ये चीज़ें चलती क्यों हैं–किस क़ानून के तहत ?

ऑरिस्टॉटल : धरती के बीचोंबीच–उसके केन्द्र में स्थित है एक शक्ति। कुदरत की हर चीज़ उस तरफ जाना चाहती है–भारी चीज़ें तेजी से और हल्की जैसे गैस वगैरह आहिस्ता, आहिस्ता–यही क़ानून है।

आइन्स्टाइन 1 : इस कानून को जाँच कर देखना चाहिए।

ऑरिस्टॉटल : इसे एक चट्टान से बाँध कर समुद्र में फेंक दो। प्रयोग निषिद्ध है। शूद्रों का कर्म है। खुदाई में इन्सानी दख़लंदाजी है। इसे शास्त्र में लिख दिया जाए–थिओफास्ट्स।

चेयरमेन : इस एक्सपेरिमेंट की इजाज़त नहीं मिलेगी। He snatches E I's eye ई. टी. एच.

आइन्स्टाइन 1 : मुझे मेरी आँख वापिस दी जाए–किस हक़ से आपने मेरी आँख ले ली।

चेयरमेन : तुम क्या करोगे उसका ? उसे कुचल दिया गया है–अब वह एक

पिचपिचा-सा गोला है–

आइन्स्टाइन 1: मुझे दे दो।

चेयरमेन : ले लो। He throws it up in the air.

आइन्स्टाइन 1: वह इस हाल में भी देख रही है। मैं इसे वापस लूँगा। People play with the eye - E 1 comments on what he sees with his mutilated eye.

टुकड़े-टुकड़े हो कर मेरी आँख करोड़ों तरह के मायक्रोलेन्सेस में तबदील हो गई है। मैं बहुत छोटी-छोटी चीज़ों को–अणुओं को, परमाणुओं को उड़ता-गिरता देख रहा हूँ–बहुत दूर की चीज़ें करीब आ गई हैं–ग़ैबी गोले गोल नहीं चपटे हैं।

ऑरिस्टॉटल : गोले ? चपटे ? इसकी आँख चपटी, इसकी नाक-चपटी–यह बदसूरत, इसकी नजर बदसूरत। हा-हा-हा–थियोफास्टस सोचो–क्या मज़ेदार बात है–चपटे गोले। हा-हा-हा–जो चपटा है वो गोल कैसे हो सकता है बेवकूफ ? चपटा और गोल–हा-हा-हा He laughs, all laugh.

आइन्स्टाइन 1: मेरी आँख सच देख रही है। ग़ैबी गोलों का आकार गोल नहीं, बल्कि अंडाकार है। और वह एक ही गति से, एक ही रास्ते पर गोल-गोल नहीं घूम रहे।

ऑरिस्टॉटल : इसकी आँख को आग में डाल दो। भून दो।

जिप्सी : हज़ूर गज़ब–इसकी आँख खुद रोशनी हो गई। रोशनी हो कर उड़ गई, छूट गई ख़ला में।

आइन्स्टाइन 1: छूट गई वक़्त से–किरन बन उड़ गई–अब कभी बन्द नहीं होगी–अब कभी बूढ़ी नहीं होगी–अल्बर्ट की आँख। तुम्हें दो आँखें मिलीं–तुमने सिर्फ वह देखा जो आम है–मामूली है–तुम्हारी नज़र गिरफ्तार है–धरती से चिपकी है–धरती की धूल देखती है। उसमें वह ताकत कहाँ कि रोशनी की पीठ पर उड़ सके–ज़र्रों में ताब का अन्दाजा लगा सके। मामूली लोगों–मैं तुमसे जीतूँगा–ज़रूर जीतूँगा।

ऑरिस्टॉटल : इससे होशियार रहो–ये ख़तरनाक है। अलेक्जांडर से शिकायत करके हम इसे नेस्तनाबूद कर देंगे। अलेक्जांडर जब तक हिन्दोस्तान से वापस आए–इसे बकवास करने दो। चलो, हम अपना घूमना, फिरना, सोचना जारी रखते हैं–लीसीयम की प्रथा के अनुसार।

लड़की : लीसीयम, अरस्तू यानि ऑरिस्टॉटल का क़ायम किया हुआ

मदरसा था।

Gypsy girl brings a jar of wine and a bowl of grapes.

ऑरिस्टॉटल : Walking away with his students यह जो चाँद, सितारे, सूरज, धरती के गिर्द घूमते हैं यह पाँचवाँ तत्व है—जो इन चार तत्वों का जुज़ यानि निचोड़ है। यह घूमती हुई चीज़ें अजीब हैं। यह ज़िन्दा हैं—हमारी आत्मा की तरह इनकी अपनी आत्मा है—अपनी रूह। यह अपना रास्ता पहचानते हैं। इसलिए अपने तय किए हुए बिल्कुल सही वृत्ताकार रास्ते पर घूमते हैं। इसे लिख लो थियोफास्टस।

आइन्स्टाइन 1 : To the gypsy girl मुझे तुम्हारी टोपी दो। मुझे यह ख़त अरस्तू को देना है।

लड़की : लो।

E carries the grapes to the walking group with a letter.

थियो. : अरस्तू, इस ख़त में बुरी ख़बर है। कुछ लोगों ने बग़ैर इजाज़त, चोरी से, घूमते ग्रहों को देख लिया। इससे गज़ब हो गया। देखने वाले कह रहे हैं कि सितारे तुम्हारे कानून तोड़ रहे हैं। बँधे-बँधाए रास्तों पर चलने से इनकार कर रहे हैं—कुछ तो, घूम कर उल्टे चक्कर काट रहे हैं। गुत्थी उलझ गई है।

ऑरिस्टॉटल : कोई परवाह नहीं। उलझ गई है तो सुलझ जाएगी।

थियो. : तुम अपने ख़यालात बदल दोगे अरस्तू ?

ऑरिस्टॉटल : नहीं। ये ख़यालात यूँ ही रहेंगे—आज, कल, आने वाले दो हज़ार सालों तक—जो इन्सान नया देखेगा वह हमारे दिए हुए क़ानूनों के भीतर देखेगा—हमारे चश्मे से—हमारे बनाये फ्रेम से। हम सिर्फ युक्लिड को मानते हैं। सीधी लकीरों में यक़ीन रखते हैं। पूरे गोल को स्वीकारते हैं—क़ुदरत सिर्फ ख़ूबसूरत गोल शक्लों, सीधी लकीरों, त्रिभुजों में है। सब अपने-अपने रास्तों पर क़ायम हैं—यह पूरी कायनात ठहरी हुई, एक क़ानून में जकड़ी हुई ख़ूबसूरती है। देखो उस सीधे खंभे को—देखो उसकी ख़ुदी को—इस की शराफत भरी सीधी चुनौती को, ग़रूर को—इस में हमारी रूह है—हमारे तमाम ख़यालात पत्थरों में ढल गए हैं। Exits

शिष्य : गुरु खो गए।

दूसरा : गए...

तीसरा : अब बोलना मना।

पहला शिष्य : सोचना भी मना—गुरु सोच भी सुन लेते हैं।

तीसरा : पर हम क्यों सोचें ?

पहला : क्यों नहीं ? अक़्ल का क्या करें ?

दूसरा : ताले में रख दो।

तीसरा : रख दो—बेशक रख दो—बेखटके रख दो—हमें सोचने की ज़रूरत नहीं।

पहला : क्यों नहीं ?

तीसरा : गुरु जो सोच रहे हैं। जब तक गुरु लौटें, हम जो सोच सकते हैं वह सोचें।

पहला : षड्यंत्र ?

तीसरा : जब बोलोगे, उल्टा। अरे एक मज़ाक करते हैं—खेल खेलते हैं।

दूसरा : षड्यंत्र से ज़्यादा दिलचस्प खेल दूसरा नहीं।

पहला : हम उसी के क़ाबिल हैं।

तीसरा : यूँ करते हैं, गुरुजी का सारा सोच लिख कर थिओ के तहखाने में रख देते हैं। आने वाली पीढ़ियाँ उसे खुद-ब-खुद शास्त्र बना देंगी। नया सोचने से सब कतराते हैं।

आइन्स्टाइन : वही हुआ। 500 सौ बरस बाद ईजिप्ट में तोलेमी नाम का एक मशहूर वैज्ञानिक हुआ, जिसने किताब लिखी 'आल्मागेस्ट' यानि कि 'द ग्रेटेस्ट'। जिस में अरस्तू के ख़्यालात को तरतीब देने की कामयाब कोशिश थी। ईसा के बाद दूसरी सदी से लेकर, सोलहवीं सदी में कोपरनिकस के आने तक, साइंस की दुनिया में आदमी अगला क़दम न उठा सका।

Enter Copernicus, a polish cleric, followed by Kepler and Galileo.

कॉपर : सुनो !

आइन्स्टाइन : क्या है ?

कॉपर : धरती अटल नहीं है। सूरज अटल है। धरती घूम रही है सूरज के चारों तरफ।

कैपलर : बिल्कुल ठीक। सूरज को स्थिर मानने से बात आसान होती है और सुनो, मंगल का रास्ता गोलाकार नहीं, अंडाकार है।

कॉपर : मैं जा रहा हूँ। यह लो — Gives E1 a piece of glass. Exits.

कैपलर : इस तरह का एक टुकड़ा मुझे भी मिला है, यह लो।

तीसरा : यही है। हमारे गुलाम को बहका रहा है।

कैपलर : इससे पहले की पहचाना जाऊँ, भागता हूँ। Exits.

गैलिलियो : तुम्हारी नली देते जाओ। तुम्हारे कागज भी।

Galileo is wearing an eye which is prortruding **like a** tube.

आइन्स्टाइन 1 : तुम कौन हो ?

गैलिलियो : मैं बेकसूर हूँ। He covers himself in a black cloth, looks like a man behind an old box camera.

आइन्स्टाइन 1 : घबराओ नहीं। दोस्त हूँ मैं।

गैलिलियो : मेरा नाम गैलिलिओ है। गैलिलिओ गैलिली। एक साइंटिस्ट हूँ।

आइन्स्टाइन 1 : कहाँ जा रहे हो ?

गैलिलियो : पीसा मीनार।

आइन्स्टाइन 1 : यह कहाँ है ?

गैलिलियो : क्यों, रोम में।

आइन्स्टाइन 1 : हाथ में क्या है ?

गैलिलियो : पैसा।

आइन्स्टाइन 1 : दूसरे में ?

गैलिलियो : पंख।

आइन्स्टाइन 1 : पंख ?

गैलिलियो : हाँ, दोनों को पीसा के ऊपर से फेंकूँगा। साबित कर **दूँगा कि** अरस्तू की बात गलत थी। पैसा भारी है—पंख हल्का। **फिर भी** दोनों ज़मीन पर एक साथ गिरेंगे।

आइन्स्टाइन : यह प्रयोग कभी हुआ नहीं। सिर्फ एक मशहूर क़िस्सा **है—पर** गैलिलिओ ने यह ज़रूर साबित किया कि किसी चीज़ के (Mass) मास का उसके धरती पर गिरने की रफ्तार से कोई ताल्लुक़ नहीं। कम वज़न और ज़्यादा वज़न, दोनों वैक्यूम में एक ही गति से नीचे आते हैं। मैं कोई इतिहासकार नहीं, लेकिन मेरी नज़र में गैलिलिओ का एक और काम ज़्यादा मानीख़ेज था।

आइन्स्टाइन 1 : यह तुम्हारी आँख पर क्या है ?

गैलिलियो : कुछ नहीं फूल गई है। ठीक हो जाएगी।

आइन्स्टाइन 1 : झूठ बोल रहे हो न ?

गैलिलियो : हाँ।

आइन्स्टाइन 1 : डरते हो ?

गैलिलियो : यह एक छोटी सी दूरबीन है—मेरी आँख इससे तारे देखती **है।**

आइन्स्टाइन 1 : मुझे मेरी आँख का इन्तज़ार है।

गैलिलियो : कोपरनिकस और कैपलर की तरह मैं भी तुम्हारी मदद **करूँगा।** Digs into his pocket अरे। ये मिल गए। यह देखो **क्या ? दो**

गोले—एक बिल्कुल चिकना, पालिश किया हुआ—दूसरा, खुरदरा। अब दो पटरे लेते हैं। एक खुरदरा, दूसरा बिल्कुल समतल, इसकी तरह, पॉलिश्ड।

आइन्स्टाइन 1: बर्फ़ की सतह-सा ?

गैलिलियो : हाँ। अब इन दोनों को एक ही ज़ोर से धकेलते हैं। एक रुक गया—दूसरा...

आइन्स्टाइन 1: दूसरा चलता चला गया...

गैलिलियो : चलता चला जाएगा जब तक...

आइन्स्टाइन 1: जब तक एक और फोर्स उसे रोकने के लिए नहीं लगाया जाए।

गैलिलियो : बिल्कुल सही।

आइन्स्टाइन 1: वजह ?

गैलिलियो : इनर्शिया। अगर कोई चीज़ पड़ी है तो पड़ी रहेगी। चल रही है तो चलती रहेगी। इनर्शिया की वजह से...

आइन्स्टाइन 1: वाह।

गैलिलियो : यानि अरस्तू की यह बात भी ग़लत है कि किसी चीज़ को चलते रखने के लिए लगातार फोर्स की ज़रूरत है।

बच्चा : फिर चीज़ें रुकती क्यों हैं ?

गैलिलियो : फ्रिक्शन, बच्चे। रगड़ खा कर चीज़ें रुक जाती हैं। अगर हर तरह का फ्रिक्शन ज़ीरो कर दिया जाए तो चीज़ें चलती चली जाएँगी।

बच्चा : तो चीज़ें चलती चली जाएँगी ?

गैलिलियो : एक पत्थर को हम सीधा ऊपर फेंकें तो वह सीधा नीचे आएगा। ग्रेविटी के फोर्स के कारण।

बच्चा : पर वह पैराबोला बनाता है।

गैलिलियो : हाँ, क्योंकि उस पर एक नहीं दो फोर्स काम कर रहे हैं। एक, धरती की ग्रेविटी जो उसे वापस ला रही है। दूसरा, वही, इनर्शिया—जो उसे लगातार चलते रखना चाहता है। इन दो अलग फोर्स की वजह से, यह प्रोजेक्टाइल पैराबोला बनाता है यानि एक अंडाकार रास्ता तय करके ज़मीन पर आता है।

The desciples come back. They are now dressed differently.

दूसरा : अब हम पहचाने नहीं जाएँगे।

तीसरा : अब हम उसे पकड़ लेंगे।

पहला : अगर उसने रूप बदल लिया तो ?

गैलिलियो : अब मैं चलता हूँ। यह लो He gives him another piece of glass.

तीसरा : वह देखो काले कपड़ों में वही आदमी।

दूसरा : यह वह नहीं है। इसकी आँख देखो। इसे बीमारी है।

तीसरा : यह वही है।

पहला : कैसे कह सकते हो ?

तीसरा : वही है—यह उसे हमारे गुलाम को बरग़ला रहा है। मैंने देखा उसने कुछ दिया।

पहला : देने दो—देने से क्या ? बल्कि मैं तो कहता हूँ हमें इस ख़िदमतगार से दोस्ती कर लेनी चाहिए और देखना चाहिए कि यह क्या इकट्ठा कर रहा है। शायद काम की कोई चीज़ निकले।

तीसरा : बेवकूफ—गुलाम से दोस्ती ? पकड़ो इस जासूस को। यह ईश्वर के ख़िलाफ़ है। जासूस है। बाइबल के ख़िलाफ़ है। छिपा हुआ पर छटा हुआ बदमाश है। बोल, क्या दे रहा था ?

गैलिलियो : कुछ नहीं। पता पूछ रहा था।

तीसरा : पूछ नहीं रहा था, बता रहा था।

गैलिलियो : नहीं।

तीसरा : तूने ज़रूर कुछ बताया उसे ?

गैलिलियो : कुछ भी नहीं।

तीसरा : अच्छा तो बता—कैपलर कैसा आदमी है ? झूठा या सच्चा—कोपरनिकस कैसा आदमी है—झूठा या सच्चा—

पहला : उसे जाने दो, वह कुछ नहीं जानता।

दूसरा : तुम चुप रहो।

तीसरा : बोल।

गैलिलियो : दोनों झूठे—

आइन्स्टाइन 1: तुम झूठ बोल रहे हो दोस्त।

गैलिलिओ : हाँ इस वक्त जान बचाने के लिए।

आइन्स्टाइन : entering मैंने ब्रेख़्त का नाटक गैलिलियो गैलिली पढ़ा। एक तरफ़ वैज्ञानिक की ईमानदारी उसकी समाज के लिए ज़िम्मेदारी, दूसरी तरफ़ उसके ज़िन्दा रहने का सवाल यानि कि वही, पेट का। मुश्किल सवाल है। अब भी मुश्किल है। तब तो बहुत ही मुश्किल था। शुक्र है वक़्त बदल रहा है।

आइन्स्टाइन 1: तुम्हारे लिए—सबके लिए नहीं। तुमने अब नाम कमा लिया है—मशहूर हो गए हो।

आइन्स्टाइन : शोहरत बेकार चीज़ है।

आइन्स्टाइन 1: हासिल करके कहना आसान है। बहरहाल जैसा भी है आज़ादी तो देती है।

आइन्स्टाइन : हर आज़ादी नई बन्दिशें लाती है।

Music Blackout.

Enter Mileva Maric, Marcel Grossman, and Margarete Voliexpull, a biology student.

मिलीवा : क्यों ? प्रोफेसर हुरविट्ज अच्छे टीचर हैं।

आइन्स्टाइन 1: हाँ, अच्छा है मैं मानता हूँ। लेकिन सबसे अच्छा है मिंकोविस्की।

मागरिट : पर तुम्हें तो वह लेज़ी डॉग कहता है।

आइन्स्टाइन 1: इसी से पता चलता है कि मैं उसका 'pet' हूँ।

मिलीवा : सचमुच जौनी तुम मैथमैटिक्स में मेहनत क्यों नहीं करते। तुम टॉप कर सकते हो। पर तुम तो क्लास में आते ही नहीं।

आइन्स्टाइन 1: देखो डॉली, हम शादी करने वाले हैं न ? शादी का मतलब है, तुम मेरा आधा काम करो। मैथमैटिक्स क्लास तुम अटेंड करो, फिज़िक्स मैं करूँगा।

मागरिट : ये डॉली जॉनी क्या किस्सा है यार ? मिलीवा—अल्बर्ट डॉली-जॉनी हो गए ? मागरिट—ये कब हुआ ?

मिलीवा : छुट्टियों में।

आइन्स्टाइन 1: यानि चिट्ठियों में।

आइन्स्टाइन : हमने एक दूसरे को नाम दे डाले थे। वह मुझे जॉनी कहती थी, मैं उसे अक्सर डॉली या कुछ भी जैसे चुड़ैल—मेंढकी—बिल्ली—मित्ज़ा—हाँ कभी-कभी मैं उसे अपना दायाँ हाथ भी कहता था। काफी मेहनती औरत थी।

मिलीवा : मैं मैथेमैटिक्स करूँगी तो तुम्हारी इकलौती कमीज कौन धोएगा ?

आइन्स्टाइन 1: हाँ याद आया। मेरे पास तुम्हारे लिए कुछ है।

Rummages in his bag. Sheets of paper with diagrams, notes, mathematical calculations. कहाँ गया ?

मार्सेल : Reacting to papers इलैक्ट्रोडायनेमिक्स ? अल्बर्ट, आजकल ये शग़ल हैं ?

आइन्स्टाइन 1: रोज सुबह पहला काग़ज वही मिलता है—ये तुम्हारे लिए मार्सेल—

मार्सेल : अंडे, आलू, पेन्सिल, चॉक़, तरबूज, मछली—ये क्या बकवास है ?

आइन्स्टाइन 1: अभी नहीं मिलेगा।

मिलीवा : क्या था··· ?

आइन्स्टाइन 1: मेरे पाँव का नाप—मोज़ा बनवाना है तुमसे—सर्दी लगती है।

मिलीवा : कमाल हो तुम भी—ये लो—जूता उतारो, पाँव उस पर रखो—

आइन्स्टाइन 1: अभी छोड़ो डॉली—यहाँ कौन करेगा ये सब—

मिलीवा : मैं करूँगी और कौन करेगा ?

आइन्स्टाइन 1: जूता उतारना पड़ेगा—कर लेगें डॉली बाद में—

मिलीवा : प्लीज़ !

आइन्स्टाइन 1: नहीं नहीं, अभी नहीं।

मार्सेल : इलैक्ट्रोडायनेमिक्स पर इतना तमाम मटेरियल—कहाँ से मिला ?

आइन्स्टाइन 1: ये कागज़ तो पुराने हैं—हैर ग्रॉसमान, आपने ग्रोसरी की फहरिस्त सम्भाल ली है ?

मार्सेल : जी—और पिछले तीन दिन के क्लास नोट्स आपकी मेज पर बाक़ायदा रख दिए हैं।

मागरिट : बजाय अल्बर्ट को पास करने के ई. टी. एच. को मार्सेल को दो डिग्रीज़ देनी चाहिएं—

आइन्स्टाइन 1: Referning to his papers ये मेरा स्कूल का काम है—इसे मैंने अंकल कोश को भेजा था। हर्ट्ज का काम इलैक्ट्रोडायनेमिक्स पर सबसे ज्यादा माना जाता है—पर मुझे लगता है कुछ गड़बड़ है—अब भी हम ठीक से जान नहीं पाए हैं कि एक चार्जड बॉडी जब दूसरी चार्जड बॉडी की जद में आती है तो कैसे बर्ताव करती है—

मिलीवा : ये तो एक्सप्लेन हो चुका है—

आइन्स्टाइन 1: खाक एक्सप्लेन हो चुका है—उसमें दिक्कतें हैं।

मार्सेल : Coolly मसलन क्या दिक़्कतें हैं ?

आइन्स्टाइन 1: बिजली को जब हम मोशन में बदलते हैं, जैसा कि मोटर में करते हैं, तो उसका मैथमैटिकल एक्सप्लेनेशन एक है—लेकिन जब मोशन को बिजली में तबदील करते हैं—जैसा कि डायनेमों में, तो उसका फार्मूला दूसरा है। जबकि प्रोसेस बुनियादी तौर पर एक है, मशीनें एक सी हैं, दोनों में एक मूविंग मैगनेट है, एक इलैक्ट्रिकल कंडकटर—क्योंकि दोनों एक ही scientific principle के तहत काम करती हैं। उनका एक्सप्लेनेशन भी एक ही होना चाहिए।

मार्सेल : Surprised ये ऑब्जेक्शन कहीं पढ़ा है तुमने ?

आइन्स्टाइन 1: नहीं—कहीं नहीं...मेरा अपना ख़्याल है। Pause.
मार्सेल, फिजिक्स में, अभी हम स्कूल के बच्चे हैं। Pause.
एटम पर एक मैग्नेटिक या इलैक्ट्रिकल फील्ड का क्या असर होता है इसके बारे में हम बहुत ही कम जानते हैं।
Looking away and into the distance बहुत कम।

मार्गरेट : Pointing at Mileva ये बॉडी यहाँ रखे रखे काफी चार्जड हो रही है।

आइन्स्टाइन 1: दूसरा ये ईथर का ख़्याल—ये भी अजीब है—धरती के गिर्द एक ॲटमॉसफियर है—लेकिन इससे बाहर क्या है ? ग्रह किस चीज़ में सफर कर रहे हैं ? सूरज से रोशनी किस मीडियम से चल कर हम तक आती है ? कोई नहीं जानता; इन सब बुनियादी सवालों का इनके पास एक ही जवाब है—ईथर। दरअसल कोई **नहीं** जानता कि ईथर क्या है ? उसकी फ़िज़िकल प्रॉपर्टीज़ क्या **हैं ?** सिर्फ़ एक ख़्याल है। Dramatizing —सर आयझॅक न्यूटन, **ईथर** क्या है ? सर आयझॅक खामोश—एक स्टैचू की तरह—**हम फिर** पूछते हैं—सर ख़ला में क्या है—सर न्यूटन के माथे की नसें **तन** जाती हैं—बड़ी कशमकश के बाद बोलते हैं। "सूरज चाँद सितारों के गिर्द 'कुछ नहीं'—बिल्कुल कुछ नहीं। ये 'कुछ नहीं' **पूरी** क़ायनात में भरा हुआ है।" उसके बाद एक लम्बी साँस लेते **हैं** जो कि इत्मीनान की साँस नहीं होती···कुछ वक़्त गुजरता है।

मार्गरेट : Sounding the Coffee cup with a spoon.
डिंग डिंग डिंग डिंग डिंग डिंग डिंग।

आइन्स्टाइन 1: सवाल फिर पूछा जाता है···पर न्यूटन इस बार पूरे इत्मिनान से जवाब देते हैं। "ख़ला मैटर से भरी हुई है, ऐसे मिडियम से जिसे हम अभी नहीं जानते। हमारे पास अभी ऐक्सपेरिमैन्ट के **लिए** सही मैटेरियल नहीं है और हायपोथीसिस में देता नहीं (Hypotheses non fingo) हाइपोथिसिस नौन फिंगा कुछ बरस और गुजरते हैं···

मार्गरेट : टिंग टांग टिंग टांग टिंग टांग।

आइन्स्टाइन 1: इस बार सर न्यूटन फरमाते हैं, "चलती-फिरती बॉडीज के बीच में, यहाँ तक कि खुद बॉडीज के भीतर, छोटे-छोटे पार्टिकल्स की शक्ल में ईथर मौजूद हैं।"··· जवाब लचर है। इस में ग्रेविटी और ईथर के रिश्ते पर क़तई ग़ौर नहीं किया गया। ये ट्रैजिक है कुछ ऐसा जैसे सर न्यूटन कह रहे हों ईथर है भी और नहीं भी। न्यूटन के पाये के फिज़िसिस्ट के लिए ऐसा जवाब एक मॉन्युमेंटल ट्रॅजेडी है।···जाहिर है कि मसला अभी मौजूद है।

मार्गरेट : Clapping with feigned excitement.
दोस्तो, आपको ये जानकर खुशी होगी कि आप बिल्कुल नादान हैं। आप क़तई नहीं समझ रहे हैं कि आज की शाम आप एक बहुत बड़े जीनियस के साथ गुजार रहे हैं।

आइन्स्टाइन 1 : I agree with the content of the statement but not the tone.

आइन्स्टाइन : एक वक़्त था जब फिजिसिस्ट ईथर जैसे किसी चीज़ में यक़ीन रखते थे। एक ऐसा भुतहा पदार्थ जो सिर्फ हवा या ख़ला में ही नहीं बल्कि कुछ ठोस चीज़ों में भी घुस जाता था जैसे शीशा। इवान्जेलो तौरिसेली की वैक्यूम ट्यूब से जब रोशनी गुजर गई तो ईथर हम लोगों की एक मजबूरी हो गई।

आइन्स्टाइन 1 : रोशनी क्या है ?...Long silence। एक लहर...Pause. या पार्टिकल्स की बौछार ? Pause.

मागरिट : ओफ़...जीना मुश्किल कर देते हो तुम तो अल्बर्ट ! इधर देखो इस तरफ...यहाँ चार्ज इतना बढ़ गया है कि मेरा दायाँ कन्धा झुलस कर गिरने वाला है।

El stares at Mileva's face as if calculating into future, then smiles.

आइन्स्टाइन 1 : मित्जा, तुम्हारा चेहरा लम्बा क्यों हो रहा है ?

मार्सेल : तुम इलैक्ट्रोडायनामिक्स पर क्या पढ़ रहे हो आजकल ?

आइन्स्टाइन : फ़ोपेल की टैक्स्ट बुक।

आइन्स्टाइन 1 : अच्छा ठीक है गिलहरी, अब हम इस सब्जेक्ट पर बात नहीं करेंगे। मेरी डॉली के लिए ये बहुत भारी हो गया। उसे अपने इम्तहान की तैयारी करनी है।

मागरिट : यह जले पर नमक है। अल्बर्ट बस अब पिटने वाले हो तुम। औरत का मन बिल्कुल नहीं समझते। तुमने उसे अपने पाँव का नाप क्यों नहीं लेने दिया ?

आइन्स्टाइन 1 : शर्त लगा लो। ये किसी और बात से नाराज़ है। तमाम औरतों की बात नहीं करता लेकिन अपनी डौली का मन मैं खूब जानता हूँ।

ठीक है डौली, ये बातें मैं सिर्फ़ तुमसे किया करूँगा। वादा, तुमने क्या पूछा मार्सेल ? हाँ—मैं तुम्हें कैसे बता सकता हूँ कि मैं आजकल फ़ोपेल की किताब पढ़ रहा हूँ।

They laugh — Mileva picks up E's bag, finds the imprint of his foot with surprising ease she keeps it carefully in her book.

मिलीवा : आओ मागरिट, चलते हैं।

She limps out with Margarete.

आइन्स्टाइन : As if defending her हाँ वह एक पाँव से थोड़ा लँगड़ाती थी। "But she was a mind."

Enters Helen Ducas with a Shawl.

हेलन : वो एक किताब थी अल्बर्ट। तुम्हें एक किताब की नहीं एक अदद बीवी की ज़रूरत थी।

आइन्स्टाइन : यही बात ममा ने कही थी। पर सही नहीं है ये।

Helen covers his feet with Shawl and goes

मार्सेल : ये तुमसे बहुत प्यार करती है अल्बर्ट।

आइन्स्टाइन 1 : कौन-सी वाली ?

मार्सेल : Lovingly हरामज़ादे।

आइन्स्टाइन 1 : चल बीयर पीते हैं कहीं।

मार्सेल : चलते हैं। कॉफी का बिल तो दे दें।...अल्बर्ट जब तुम्हे इस सब्जेक्ट में इतनी दिलचस्पी है तो ई. टी. एच. ने तुम्हें इलैक्ट्रोमॅग्नेटिज़्म पर कोर्स क्यों नहीं ऑफर किया ?

आइन्स्टाइन 1 : मार्सेल, ये हर हाइनरिख बेवर चाहते हैं कि मैं हरमान हेल्महोट्स तक ही महदूद रहूँ। क्योंकि उससे आगे उसने कुछ पढ़ा नहीं है। लेकिन वो 1850 की बात है। आज 1899 में लोग बहुत आगे सोच रहे हैं। They Exit.

आइन्स्टाइन : प्रोफेसर हाइनरिख बेवर, हेड आफ फिजिक्स डिपार्टमेंट, ई. टी. एच. "आइन्स्टीन, तुम तेज़ लड़के हो। पर तुममें एक बीमारी है। तुम्हें कुछ समझाया नहीं जा सकता।" Laughs...

मैं अपना एक एक्सपेरिमेंट करना चाहता था। मैंने डिज़ाइन भी कर लिया था। पर मुझे इजाज़त नहीं मिली। बेवर साहब ने रोड़ा अटकाया। नतीजतन मैंने खुद से किया सब कुछ। बावजूद सारी मुख़ालफ़त के। पर उसमें कुछ गड़बड़ हो गई।

Blast is heard. Some gasses and broken pieces of glass, fly on the stage.

आय, पुश्ड द इक्विपमेंट बिट टू फार !

मेरा दायाँ हाथ करीब-करीब उड़ सकता था। बेवर आखिरकार मरा—पर बड़ी देर से 1912 में।

Enters the Child.

अरे तुम ? फिर ?

बच्चा : सवाल नम्बर दो—साइंस क्या है ?

आइन्स्टाइन : Speaks in German.

Child enjoys this.

आइन्स्टाइन : अनजानी चीज़ों को देखकर हमें जो अचम्भा होता है, साइंस उस

अचम्भे को दूर करने का रास्ता है।
The Child is thinking.

बच्चा : मुझे न्यूटन के बारे में बताइए।

आइन्स्टाइन : Lifts a cup of tea from the table in mime.
ये शीशे का प्याला है। Drops it on the floor टूट गया। चीज़ें बिखर रही हैं, फैल रही हैं। एक दूसरे से दूर जा रही हैं। क्योंकि वक़्त का तीर भूत से भविष्य की तरफ चल रहा है।
पास्ट टू फ्यूचर।

बच्चा : अगर ये तीर उल्टा चले तो ?

आइन्स्टाइन : तो ये चीज़ें सिमटने लगेंगी। ये गिलास जुड़कर मेरे हाथ में आ जाएगा—तुम वहाँ जा कर बैठ जाओगे—मैक्स अंकल वापस आएगें—और तुम्हें न्यूटन के बारे में बताएगें—It happens।

न्यूटन एक आला दिमाग़ का मालिक था। उसने मोशन के बारे में सोचा यानि चलती-फिरती चीज़ों के बारे में। गैलिलियो की बात को बहुत आगे बढ़ाया।
डिफरेन्शियल कैलकुलस एक जबरदस्त मैथमैटिकल इजाद थी।

बजाय पूरी टारजैक्ट्री के बारे में सोचने के, उसने उसको छोटे-छोटे हिस्सों में बाँट कर देखा। वह यह बता सकता था कि हवा में फेंका हुआ पत्थर या आकाश में घूमता हुआ ग्रह किस वक़्त, किस जगह, कितनी रफ्तार से चल रहा है। यानि की उसकी वैलोसिटी क्या है ? लेकिन चलती हुई चीज़ की रफ्तार हमेशा एक सी न रहे, उसमें किसी फोर्स की वजह से बदलाव आता रहे, तो उस बदलाव को हम एक्सी लेरेशन कहते हैं। न्यूटन ने इसे मैथेमैटिकल ज़बान में यूँ कहा—
F=Mass X acceleration.
Writes the equation on his board.

बच्चा : मगर F क्या है ? उसे कैसे नापा जाए ?

आइन्स्टाइन : इस सवाल के जवाब के बगैर ये इक्वेशन बेजान है।

मैक्स : F यानि फोर्स—वो दो गोले निकालो—

बच्चा : गैलिलियो वाले ?

मैक्स : हाँ। देखो ये M_1 ये M_2; इनके बीच की दूरी d अब

$$F = G\frac{M_1 \times M_2}{d^2}$$

यानि जितना इन गोलो का 'मास' बढ़ेगा, इनके बीच खिंचाव बढ़ेगा। और जितनी दूरी बढ़ेगी, खिंचाव यानि फोर्स कम होगा।

कुदरत में हर चीज़ एक दूसरे **को खींचती** है।

बच्चा : Suddenly अंकल !

मैक्स : क्या हुआ ?

बच्चा : अब हम दोनों इक्वेशंस को मिला सकते हैं।

मैक्स : और ?

बच्चा : Very slowly and carefully अगर कोई चीज़ इतने फोर्स के साथ ऊपर फेंकी जाए कि उसके लौटने का घेरा, धरती के घेरे के साथ मेल खा जाए तो वह पैराबोला बना कर वापस नहीं आएगी Repeats पैराबोला—बनाकर··· वापस नहीं—आएगी। बल्कि धरती के गिर्द अंडाकार घेरे में घूमने लगेगी। इसी तरह चाँद, सितारे, ग्रह घूमते हैं। सूरज के चारों तरफ। थैंक्यू, अंकल मैक्स ! Kisses him.

आइन्स्टाइन 1: entering down - stage अब इसमें क्या गड़बड़ है ?

आइन्स्टाइन : तुम जल्दी ही जान जाओगे।

The Magician and the Gypsy dancer enter dancing. Marcel Grossman, Mileva, Margarete, Child, Max Talmud Join them. Choreography follow strange patterns. All musicians in the orchestra pit stand up and play a Gypsy folk tune. E speaks —

(During the dance sequence.)

आइन्स्टाइन : द हैपी चाइल्हुड ऑफ साइंस। साइंस का ख़ुशगवार बचपन। न्यूटन तुम क़िस्मतवाले थे। सही वक़्त पर आए। माफ करना दोस्त, तुम्हारे वक़्त में जो मुमकिन था तुमने किया। एक आला से आला दिमाग़ भी उस वक़्त तुमसे ज्यादा हासिल नहीं कर सकता था। जो सवाल तुमने उठाए, जो ख़्याल तुमने दिए। वो आज तक हमें रास्ता दिखा रहे हैं। हालाँकि अब हम जानते हैं कि उन ख़्यालात को बदलने का वक़्त आ गया है। उनकी जगह ऐसे नए ख़्यालात ले लेंगे जो देखी भाली रोज़मर्रा की ज़िन्दगी से और भी हट कर होंगे क्योंकि हम चीज़ों के अन्तर सम्बन्ध को और भी गहराई से समझना चाहते हैं।···अब मुश्किल बढ़ गई है।

(END OF ACT I)

ACT — 2

Violent Strokes of music are heard. A torch light comes and goes several times before general lights come.

Max Talmud is teaching the child.

मैक्स : सूरज और धरती की दूरी 93 मिलियन मील है। सिर्फ़ पन्द्रह मिनट में वहाँ से इतनी एनर्जी ज़मीन पर आती है जो पूरे साल के लिए धरती पर इंसान की तमाम ज़रूरतों को पूरा कर सकती है। सूरज़ का एक स्क्वायर मीटर ख़ला में 84000 हॉर्सपावर लगातार छोड़ रहा है।

बच्चा : Struck हम तक कैसे आती है ये एनर्जी ?

मैक्स : रोशनी की शक्ल में। Laughs ये सवाल हमेशा से मौजूद है। "रोशनी मैटर की तरह कणों की बनी हुई है, न्यूटन ने कहा। सूरज एक गोल फव्वारा है, रोशनी का। यानि एनर्जी का। चारों तरफ बड़ी तेज़ रफ्तार से रोशनी के कणों की बारिश कर रहा है। और ये कण करोड़ों सीधी रेखाओं में, सभी दिशाओं में जा रहे हैं। Pause.

हायजिन्स ने एक और ख़्याल दिया।

Max Stands up.

प्रकाश और ध्वनि को एक-सा बताया। और कहा कि रोशनी भी एक लहर है, तरंग है, आवाज़ की तरह।

Brings out a torch and a whistle. He hides into the wings and blows the whistle, Returns.

मैक्स : तुमने सुना ?

The Child playfully Shakes his head.

मैक्स : शैतानी करोगे तो मैं चला जाऊँगा। अच्छा, अब देखो। लाइटस आउट !

Goes into the wing. Darkness, when lights come Max is on stage.

कुछ देखा तुमने ?

बच्चा : नहीं।

मैक्स : मैंने वहाँ विहसिल बजाई वो तुमने सुनी, लेकिन वहीं जाकर मैंने जब टार्च जलाई तो तुम्हें रोशनी नज़र नहीं आई। रोशनी अगर लहर है तो उसे आवाज़ की तरह घूम कर तुम तक आना चाहिए था। ये हुई प्रॉब्लेम नम्बर एक। अब प्रॉब्लेम नम्बर दो। इटली के साइंटिस्ट टोरीसेली ने ये साबित कर दिया कि ख़ला से रोशनी गुज़र सकती है, आवाज़ नहीं। उसे हवा चाहिए। भला सूखे तालाब में लहर कैसे उठेगी ? अब, रोशनी भी अगर लहर है तो ख़ला में यानि वैक्यूम में कैसे चलती है ? यानि सूरज और धरती के बीच कुछ भरा हुआ है।

बच्चा : क्या ?

मैक्स : ईथर—आज के वैज्ञानिक इसे ईथर कहते हैं।

बच्चा : यह ईथर क्या चीज़ है ?

मैक्स : यह इस किताब में नहीं लिखा।

बच्चा : आप बताइए।

मैक्स : मैं नहीं जानता। जब न्यूटन नहीं जानता तो मैं कैसे जान सकता हूँ ?

बच्चा : क्यों ? आप न्यूटन से ज़्यादा क्यों नहीं जानते ?

मैक्स : अरे, तुम कमाल की चीज़ हो।

बच्चा : बताइए ना, आप क्यों नहीं जानते न्यूटन से ज़्यादा ?

मैक्स : मुझे भूख लग रही है। चलो, खाना खाते हैं।

बच्चा : नहीं मुझे नहीं खाना है। आप कुछ नहीं जानते। कुछ नहीं बताते। सिर्फ़ खाना खाने आते हैं यहाँ।

He hits Max angrily. Runs out. Enters E1

आइन्स्टाइन 1: मैं भाग गया पाइन के जंगलों में। अकेला...पर मुझे डर लगा—जंगल से नहीं—वो तो मेरा दोस्त था। माँ से, अंकल जेकब से, और सबसे ज़्यादा इस बात से कि मैक्स अंकल अब नहीं

आएँगे। शायद सारी किताबें ले जाएँ।

The Child comes back running and looks off stage.

मगर ऐसा-कुछ नहीं हुआ। सब ठीक ठाक था।

The Child begins to play with the torch.

औरत की आवाज : अब सो जाओ अलबर्ट !

A women enters to cover the child with a sheet, Black out. While the child plays with the torch under the sheet, E1 stands in a single shaft of light.

आइन्स्टाइन 1: उस रात में बहुत तड़के सो पाया। इतना उत्साहित था कि आँख लगी ही नहीं। मन ना जाने क्या-क्या कुलाबे मिलाता रहा। मैंने देखा मेरी शादी हो रही है। दूर, इटली के किसी शहर में—फ्लॉरेन्स, बोलोना या पादुआ जैसी कोई जगह। चारों तरफ लोग पी रहे थे, खा रहे थे, नाच रहे थे। बैंड, स्कॉरेली की धुन मस्त होकर बजा रहे थे। एक जिप्सी जोड़ा कहीं से आया और नाचने लगा। थोड़ी देर में उनकी रफ्तार बहुत तेज़ हो गई। बाक़ी लोग हैरान रह गए। जिप्सी जोड़े की रफ्तार और तेज़ हो गई। बैंड वालों का दम फूलने लगा। जलसे में भगदड़ मच गई। लोग चिल्लाने लगे 'इन्हें रोको', 'इन्हें रोको' जैसे बहुत बड़ी आग लगी हो। इसी भगदड़ में मैंने अपने पिता का चेहरा देखा, जो कुछ कर नहीं पा रहे थे। इधर-उधर दौड़ रहे थे, लेकिन उनकी समझ में कुछ नहीं आ रहा था। जिप्सी जोड़ा अब सिर्फ़ रंगों और सुनहरी धागों की बड़ी-सी गेंद बन गया। सभी बैंड के लोग बेहोश होकर गिर पड़े लेकिन एक बूढ़ा बैंड मास्टर जिप्सिओं का साथ देता रहा। ज़रा देर में वे रोशनी का गुच्छा हो गए, उड़ गए। (Pause) जब उठा तो स्कूल के लिए बहुत देर हो चुकी थी। मेरी छोटी-सी बैटरी के सेल ख़त्म हो चुके थे। माँ, डैडी और माया के इटली जाने के बाद मन नहीं लगता था। म्युनिख़ के उस स्कूल से मुझे सख़्त नफ़रत थी। मुझे जब भी मौका मिलता मैं बाग़ों में भाग जाता।

और उम्मीद करता कि डाली से टूट कर कोई सेब मेरी गोद में भी गिरेगा।

Enter E.

आइन्स्टाइन : "तुम्हें हैडमास्टर ने बुलाया है अल्बर्ट !"

E. takes his position up stage. The Child approaches him.

आइन्स्टाइन : Playing head master अल्बर्ट तुम हमारा स्कूल छोड़ कर चले जाओ।

बच्चा : (Happy) मेरा क़सूर ?

आइन्स्टाइन : तुम्हारा होना स्कूल के डिसीप्लिन के लिए नुकसानदेह है। इसीलिए तुम चले जाओ तो बेहतर होगा। Exits.

The child jumps in excitement. Runs off.

आइन्स्टाइन 1 : मैं उस फिलिस्तीन को शुक्रिया कहना चाहता था। लेकिन ऐन वक़्त पर मैंने अपने आपको रोक लिया। क्या पता वो अपना ख़्याल बदल दें। मैं इटली जाऊँगा। माया, मामारेल, अंकल, जेकब, पापा नया स्कूल। किसी को बिना बताए मैं उसी दिन खिसक लिया। कुछ दिन खानाबदोश रहा इटली में। मगर मैंने अपनी पढ़ाई खुद से जारी रखी। माँ ने मुझे स्विट्ज़रलैंड भेज दिया। आराओ (Aarau) में विटंलर परिवार के साथ एक ख़ुशगवार साल बड़ी तेज़ी से गुज़र गया। फ्राउ विटंलर जिनका नाम भी पॉलीन था वो मेरी नयी मामारेल हो गईं। वहीं मेरा पहला बाक़ायदा इश्क हुआ।...मारी विटंलर लड़की अच्छा पिऑनो बजाती थी मैं वायलिन जुगलबंदी। जिन्दगी में पहली बार मुझे कोई स्कूल पसन्द आया। वहाँ का खुलापन, टीचर्स की समझ-बूझ मुझे रास आ गई। मेरा आत्मविश्वास लौट आया। मैं अपनी बात खुल कर कहने लगा। और उसके बाद ई. टी. एच.। वहाँ के मज़ेदार दिन-रात, प्यारे दोस्त, वहाँ मार्सेल ग्रोसमान के अलावा माइकेल भी मिला—माइकेल एंजलो बैसो।

Enter Mileva, Margarette, Marcel Grossman, Michael Angelo Besso.

बैसो : थैंक्स टू कोपरनकिस ! वरना अभी तक हम ग़लतफ़हमी में जीते। सूरज हमारे गिर्द चक्कर काट रहा होता। एक गुलाम की तरह। और हम क़ायनात के ख़याली बादशाह बने रहते।

मागरिट : इन लोगों ने हमारा फ्रेम आफ़ रेफ़रेन्स ठीक किया। क्यों अल्बर्ट ?

बैसो : देयर इज़ एन इंटेरैस्टिंग बुक ऑन ताइचो ब्राहे कैपलर का गुरु। कैपलर सिर्फ़ एक इंटरप्रेटर था, असल काम तो ब्राहा ने किया। उस वक़्त योरप की लैबोरेटरीज़ की जो हालत थी उसको देखते हुए उसने ज़बरदस्त काम किया। इतना प्रीसाइज़ डाटा कैपलर को आगे काम करने के लिए मिला। अल्बर्ट उस वक्त युनिव्हर्स की क्या बँधी बँधायी, जकड़ी हुई शक्ल रही

होगी ? नहीं ?

El merely nods.

बैसो : यू.सी. एम./यूनिफोर्म सरकुलर मोशन ग्रह बेचारे कितना बँधा हुआ महसूस करते होंगे। अचानक कैपलर ने जब यह कहा कि मंगल गोलाकार नहीं, बल्कि अंडाकार रास्ते पर सूरज के चक्कर काट रहा है तो एस्ट्रोनोमर्स ने क्या आज़ादी महसूस की होगी। एकदम एक नयी खिड़की-सी खुल गई होगी।

मागरिट : आज हमारे जीनियस बहुत चुप-चुप हैं।

मार्सेल : हम लोग बहुत प्रिमिटिव बातें कर रहे हैं। अभी न्यूटन का ज़िक्र करो। फिर देखो आग लग जाएगी।

El laughs. He is bit relaxed.

मार्सेल : तुम ही कुछ बोलो मिलीवा। मौक़ा अच्छा है। अल्बर्ट आज चुप है।

मागरिट : जनाब न्यूटन साहब ठीक कहते हैं। ये तो ऐसा ग्रह है जिसे धक्के दे देकर चलाना पड़ता है।

मिलीवा : मुझे किसी के धक्के की ज़रूरत नहीं। जहाँ तक पहुँची हूँ अपने बूते पर पहुँची हूँ।

El looks at her sharply. There is a pause.

बैसो : (Trying to bring the subject back to Science) शुक्र है। गैलिलियो साहब आए और उन्होंने बताया कि चलती हुई चीज़ों को चलते रहने के लिए फोर्स की ज़रूरत नहीं है। और ये ग्रह खुद-ब-खुद चक्कर काट रहे हैं। ग्रैविटी से बँधे हुए।

Looks at Albert.

मागरिट : अब तो लगता है न्यूटन की बात करनी ही पड़ेगी।

बैसो : मैंने हाल में लाप्लास की किताब फिर पढ़ी। 1825 की किताब है, But what a book ! उसने तो न्यूटन को अमर कर दिया। अभी तक वह किताब दिमाग उलट-पुलट के रख देती है। अभी जो है वह उसका नतीजा है, जो हो चुका। अभी जैसी दुनिया है, उस पर जितने भी फोर्सेज act कर रहे हैं, अगर वो सब, एक सुपर इन्टैलिजैन्स को मालूम हो जाएँ, तो भविष्य उतना ही साफ नज़र आएगा जितना कि माज़ी।

मार्सेल : न्यूटन की मैकेनिक्स ने एक ही झटके में ग्रहों से लेकर तोप के गोलों तक के गतिक्रम को स्पष्ट कर दिया। जीनियस। Now almost everything stands explained, क्यों अल्बर्ट ?

आइन्स्टाइन 1: मुझे चिढ़ाओ नहीं मार्सेल। ये आज तुमसे नहीं होगा।

Mileva looks anxiously at Albert.

मार्सेल : अभी जो भी दबाव तुम पर है वो सब अगर तुम मुझे बता दो तो मैं तुम्हारा फ्यूचर बता सकता हूँ…।

आइन्स्टाइन 1: अभी जो दबाव मुझ पर है…अभी ?

मार्सेल : हाँ, अभी…इस वक़्त…

आइन्स्टाइन 1: अभी तो कुछ होता नहीं मार्सेल—या तो पास्ट होता है या फ्यूचर The present is zero or nearly so और मायकेल, तुम अब लाप्लास को पढ़ना छोड़ दो। वो कोई बाइबल नहीं है। ठीक है, लोगों को बुतों की ज़रूरत होती है। क्योंकि वे असली सवालों से डरते हैं। बुरा न मानना, इसमें तुम्हारी ग़लती नहीं। चारों तरफ़ फैली हुई दिमाग़ी सुस्ती और कायरता हम पर कहीं न कहीं असर डालती है। अभी की सारी एज्युकेशन, साइंस सिखाने-पढ़ाने के तरीके, बच्चों को ज़हनी गुलामी की तरफ़ धकेलते हैं। कमाल तो ये है कि इस सब के बावजूद आदमी में अब भी जानने की उत्सुकता, आगे बढ़ने की चाह, ज़िन्दा है। हमारे वक़्त के तमाम स्कूल कॉलेज इस लौ को बुझाने में लगे हैं। लेकिन तुम नहीं मायकल, मैं तुम्हें इस साज़िश में शरीक़ नहीं होने दूँगा। हम लोग साइंस के स्टूडैन्ट्स हैं, बुतपरस्त नहीं हो सकते। किसी क़ीमत पर नहीं।

मार्सेल : It is not an emotinal matter.

आइन्स्टाइन 1: Controlling his temper नहीं, बिल्कुल नहीं। लेकिन अगर दोस्तों में फिलिस्तिनीज़्म की ज़रा-सी भी बू आती है तो मुझे गुस्सा आता है।

मायकेल बैसो : न्यूटन की मैकेनिक्स, नयी फिजिक्स की नींव है इस तथ्य से तुम इनकार कर सकते हो ?

आइन्स्टाइन 1: ज़रूर…कर…सकता…हूँ। ज़रूर कर सकता हूँ। और प्रिसाइज़ मैथेमैटिकल फॉर्म्युलेशन्स के जरिए कर सकता हूँ। चाहो तो आज रात भर हम इस मुद्दे पर बहस कर सकते हैं। कुछ मोटी-मोटी बातें तो अभी मैं तुम्हें बता सकता हूँ। ताकि हमारी आज रात की बहस किसी ठोस आधार पर हो सके। पहली और सब से ज़ाहिर बात यह है कि एक फिजिकल थ्यौरी तजुर्बे की कसौटी पर खरी उतरनी चाहिए। हालाँकि यह बात एकदम साफ है, लेकिन फिर भी हम सब जानते हैं कि इस बुनियादी उसूल के साथ बुद्धिजीवी हमेशा गड़बड़ करते हैं।…दूसरी बात, थ्यौरी में एक क़ुदरती सहजता होनी चाहिए। एक लौजिकल सिम्प्लिसिटी। सही थ्यौरी में भीतरी

सलीका इनर परफैक्शन होना चाहिए।

मार्सेल : मिसाल के तौर पर ?

आइन्स्टाइन 1 : Maxwell's theory of electromagnetism.

मायकेल बैसो : I disagree with you. खुद मैक्सवेल ने–

आइन्स्टाइन 1 : जानता हूँ। लेकिन मैक्सवेल खुद अपने काम के बारे में क्या सोचता है, क्या कहता है ये मेरे लिये कतई ज़रूरी नहीं। उसके काम के भीतर छिपे संकेत क्या कहते हैं और मैं खुद उन संकेतों को कैसे समझता हूँ, उनका क्या इस्तेमाल करता हूँ, ये मेरे लिये ज़्यादा ज़रूरी है। (Pause) इसलिए मेरे दोस्त, अब लाप्लास की किताब बंद करके रख दो।

मायकेल बैसो : लगता है, मैं पैदा ही पिछलग्गू बनने के लिए हुआ हूँ।

They all laugh.

मार्सेल : अब ये भी बता दो कि ये बेचारा अगली किताब कौन-सी पढ़े ?

आइन्स्टाइन 1 : शैतानी से बाज़ आओ और साफ-साफ पूछो कि मैं क्या पढ़ रहा हूँ ?

मागरिट : मेरी जान अल्बर्ट, मेरे जीनियस दोस्त, कृपया हमें बतायें कि आप आजकल क्या पढ़ रहे हैं ?

आइन्स्टाइन 1 : मेरे झोले में कोई छिपा हुआ बम नहीं है। सिर्फ ये किताब है जिसे आप सब जानते हैं। यह तुमने मुझे दी थी मायकेल।

मागरिट : "Oh ! History of Mechanics.

मायकेल : हाँ ऽ। अर्न्स्ट माख़

मार्सेल : अर्न्स्ट…माख़…

आइन्स्टाइन 1 : जी।…मेरी नजर में हिस्टरी ऑफ मैकेनिक्स से बेहतर कोई और किताब इस सब्जेक्ट पर नहीं है।…मैं शाम को अपने कमरे में ही हूं।… चलो मित्जा।

Music.

Lights fade out on Marcel, Michael and Margarete while Albert and Mileva stay where they are Long silence. E1 lights a cirgarette.

आइन्स्टाइन 1 : आज कैसा ठहरा हुआ-सा दिन है।

Mileva suddenly starts laughing. E1 looks at her surprised.

आइन्स्टाइन 1 : क्यों ? क्या हुआ ?

मिलीवा : पिछले आधे घंटे में तुमने यह एक पूरा जुमला बोला।

आइन्स्टाइन 1 : और तुम ?…तुम भी तो चुप हो।

मिलीवा : वो कोई खास बात नहीं है। खास बात ये है कि तुम चुप हो।

आइन्स्टाइन 1: मैं...काम के बारे में परेशान हूँ।

मिलीवा : काम तो तुम्हारा ठीक ही चल रहा है। थिसीस...

आइन्स्टाइन 1: (abruptly) थीसिस प्रॉब्लेम नहीं है। जो थोड़ी बहुत बची है वो जल्दी पूरी हो जाएगी। मैं जिन चीज़ों के बारे में सोचना चाहता हूँ...असल में–उसके लिए मुझे वक़्त और सुकून चाहिए। अब मैं ये महसूस कर रहा हूँ, मुझे क्या करना है। लेकिन उसके लिए ...सही वातावरण चाहिए।

Mileva covers his hand with her hand.

मैं अकेला हूँ मिलीवा–बिल्कुल अकेला, ई. टी. एच. के दिन बहुत मस्ती से कट गए। लेकिन अब ? आगे ?

मिलीवा : हो जाएगा...आहिस्ता-आहिस्ता...सब हो जाएगा।

आइन्स्टाइन 1: नहीं–आहिस्ता-आहिस्ता नहीं–एकदम–सब कुछ अभी...

मिलीवा : (Suddenly)–जॉनी...वो मुझे अपना तो लेंगे न ?

आइन्स्टाइन 1: कौन ?

मिलीवा : तुम्हारी माँ।

आइन्स्टाइन 1: Oh ! shut up ! क्या बेकार की बात कर रही हो ?

मिलीवा : बेकार की बात नहीं कर रही हूँ। मैंने ख़त पढ़ लिया है। तुम्हारे कोट की जेब में था।

She brings out the letter.

आइन्स्टाइन 1: ग़ैरज़रूरी चीज़ों के बारे में सोचना बन्द करो मित्ज़ा। किसी का मुझ पर कोई ज़ोर नहीं। (Keeps the letter in his pocket) ब्लडी फिलीस्तीन।

मिलीवा : फिर ?...तुम पैसों को लेकर परेशान हो ?

आइन्स्टाइन 1: ओफ्फो। मैं ये मानता हूँ कि दुनिया में कोई चीज़ बिल्कुल ठोस नहीं है। लेकिन तुम्हारे दोनों कानों के बीच में जो पदार्थ है वो यक़ीनन बिल्कुल ठोस है।...पैसा कोई समस्या नहीं। कितना-सा चाहिए होता है।... जो ख़यालात मुझे आते हैं मित्ज़ा, जो सवाल उठते हैं मन में, जो ख़्वाब में देखता हूँ...मुझे लगता है...उनको मैं पूरा कर सकता हूँ...ये मेरा वक़्त है...इस वक़्त अगर छोटी-मोटी चीज़ों में उलझ कर रह गया तो शायद जिन्दा न रह पाऊँ। अन्दर से उठते हुए इस बवंडर को मुझे थामना है...सीढ़ी-दर-सीढ़ी एक-एक चीज़, अपना एक-एक ख़्वाब मुझे साबित करना है। मैथेमैटिक्स में अपनी जड़ें और मजबूत करनी हैं। बहुत प्रैक्टिस

करनी है, बहुत काम करना है।...मेरे साथ आ जाओ मित्ज़ा, मुझे ज़रा-सा सहारा दो।

मिलीवा : मैं तो हूँ अल्बर्ट...मैं गई कहाँ हूँ ? सुनो अल्बर्ट, मुझे तुम पर भरोसा है...सब ठीक हो जाएगा...बहुत कुछ अच्छा भी तो हुआ है...मेरा जॉनी अब स्विस सिटीज़न है। कोई ख़ानाबदोश नहीं...ई. टी. एच. ग्रेजुएट है। पार्टटाइम नौकरी भी है उसके पास...बस, माँ से थोड़ा डरता ह...

आइन्स्टाइन 1: मैं तुझे पीट सकता हूँ इस वक्त...यहीं...इसी पार्क में...

मिलीवा : ऐसा कुछ नहीं करोगे तुम...मैं आइस्ड काफ़ी लेकर आती हूँ...Exits. El wanders around the stage then addressess the audience.

आइन्स्टाइन 1: कहने को बहुत कम है—करने को बहुत ज़्यादा...अगले दो सालों में बहुत कुछ हुआ...बहुत अच्छा...बहुत बुरा। My father died. दिल का दौरा। पर सदी के साथ-साथ कुछ अपने दिन भी बदले। मुझे बर्न में पर्मनेंट नौकरी मिल गई—''पेटेंट ऑफिसर ग्रेड थ्री''। एक छोटा-सा अपार्टमेंट किराए पर ले लिया...

थीसिस पर काम ठीक चल रहा था। Kinetic theory of gasses. लेकिन उस वक़्त उस पर किसी ने ज़्यादा ध्यान नहीं दिया। ग़लती मेरी है। मेरे पर्चे मैंने पहले छपवा दिए। उनके शोर में कौन देखता थीसिस। उन्नीस सौ तीन लगते-लगते...

Mileva enters with two glasses of iced coffee, finds El at a different spot, goes in and quickly comes back, this time with a jacket.

मिलीवा : एक जगह ठहर जाओ तो तुम्हें अल्बर्ट कौन कहे।

She helps him in putting on his jacket.

आइन्स्टाइन 1: लायब्रेरी जाना न भूलना। किताबों की लिस्ट तुम्हारे पास है।

मिलीवा : जी हुजूर।

आइन्स्टाइन 1: मित्जा आज देर से आऊँगा। ओलिम्पिया अकैडमी की वीकली मीटिंग है।

मिलीवा : ओलिम्पिया अकेडमी ! कुछ दोस्तों का जमघट। उनमें से दो तो इनके स्टूडैन्ट्स ही थे। मैरिस—उसकी फलसफे में ज़्यादा दिलचस्पी थी। कोनराड, ज्यूरिच से इनका दोस्त था। लूसिमेन, इलैक्ट्रिकल इन्जिनीयर था और इनका ई. टी. एच. का हमराज़ माइकल ऐंजलो बैसो। जिसको बर्न के इनके दफ्तर में ही नौकरी मिल गई थी।

EXITS.

Kisses her, picks up his bag.

फलसफे से लेकर हम लोग फिजिक्स···लिटरेचर, सब ही पर बहस करते। ढेर सारी चीज़ और सांसेजेस लेकर पहाड़ों में निकल जाते। बहुत मज़े के दिन थे। इस छोटी-सी नौकरी से मुझे बहुत फायदा हुआ—मैं शादी कर सका। सबसे बड़ी बात मुझे 'मेरा' काम करने का वक्त मिला···और मिली मिलीवा की मदद।

At the back, Mileva brings some coffee keeps it on his table which is full of books and papers.

आइन्स्टाइन 1 : फिटज़ गैराल्ड का पर्चा मिला ?

मिलीवा : Almost guilty नहीं। किताबें भी दो ही मिलीं। पर मैं और कुछ ले आई हूँ। एक लारेंस का पर्चा है, 1895 का। "on electrodynamics of moving bodies."

एक किताब में मैक्सवेल इक्वेशन्स पर अच्छा डिस्कशन है।

आइन्स्टाइन 1 : Removing his jacket, Slightly irritated काफ़ी। Examines the material, suddenly kisses Mileva मुझे क्या चाहिए इसका अन्दाज तुम लगा ही लेती हो।

Mileva laughs, flattered.

आइन्स्टाइन 1 : मित्ज़ा !

जानती हो मुझे क्या लगता है। यह लोग भी न्यूटन की मैकेनिक्स में जकड़े हुए हैं। Louis Fizeau, Hendrik Antoon Lorentz, George Francis Fritzerald, Max Planck, Henri Poincare ये सब—

बड़े-बड़े लोग। लेकिन यह बहुत ज़हीन लोग हैं। इनका काम देख कर मुझे दो फ़ायदे होते हैं। ईथर के कनसेप्ट के बचाव में जिस तरह से ये मैथेमैटिक्स का इस्तेमाल करते हैं उससे मेरा मैथेमैटिकल एक्सप्रेशन निखरता है। दूसरे, यह और साफ होता है कि ईथर का कन्सेप्ट गैर ज़रूरी है। इस ईथर के बादल छँटने से मुझे रोशनी साफ नज़र आ रही है। मित्ज़ा में बहुत आज़ाद महसूस कर रहा हूँ। Lifts her and dances around playfully अब भागो, मुझे काम करना है।...एक मिनट Kisses her on the lips.

The Gypsy couple passes the stage dancing.

Lights change. El is seen on his table, concentrating

hard, his back towards the audience. Moves to the shelf, drops lot of things, finds a book and returns. Writes down something on some paper, tears it — throws it — brings out sheets of paper and unable to find space on the table to write, keeps some books on the ground one by one with one hand Clock sounds some strokes. E this time just throws lot of books on the ground with a sweep of his hand — puts the sheets on the cleared corner — begins to write furiously — stops — considers a moment. Hesitation — and he tears the whole lot — throws the rubbish into air – holds his head in both hands – as last piece of paper settle down on the floor, he very slowly and cautionsly gets up – goes to the black board and writes an equation. Goes back to his Chair with wheels sitting, he pushes it to the centre stage his back still towards the audience, he supports his head with both his hands and stares at the black board. All silent.

A group of scientists. E and the Child enter.

बच्चा : तुम न्यूटन से ज़्यादा क्यों नहीं जानते ?

आइन्स्टाइन : तुम जान जाओगे। ज़रूर। कुछ काम और। कुछ मेहनत **और।**

मिलीवा : अब सो जाओ अल्बर्ट।

वैज्ञानिक : लेकिन रोशनी की लहरें कैसे चलती हैं–लगातार एक रफ्तार से–अगर माध्यम नहीं है।

आइन्स्टाइन 1: यह एक आदमी का नहीं एक पूरे युग का विलाप है। पर मेरे पास ईथर की लाश पर रोने का वक़्त नहीं है...

आइन्स्टाइन : और गुस्सा करने का भी नहीं। चलो मेज़ पर वापस–

El returns to his table. All others exit. Silence. Drums are heard. The Gypsy Couple Curtains of bright light. As the Gypsies exit, it is day. Everything is as before except El who is holding little Hans on his left hand while writing. Enters Mileva with the shopping bag.

मिलीवा : इसने तुम्हें तंग तो नहीं किया ?

आइन्स्टाइन 1: नहीं।...इसे ले लो अब।

मिलीवा : अभी लेती हूँ। She sits, mops her face. थकान हो **जाती है**

आजकल। Pause. El keeps on working. यह तो शुक्र है कि छोटा-सा शहर है। सब कुछ घर के पास ही मिल जाता है। शॉपिंग करना अच्छा लगता है। अब सब अच्छा ही लगता है। यह छोटा-सा अपार्टमैन्ट।

घर का काम। Pause. क्या लिख रहे थे अल्बर्ट ?

आइन्स्टाइन 1: क्यों ? बोलो ?

मिलीवा : कुछ नहीं। ऐसे ही। Silence.

तुम्हें याद है, मैं तुम्हारी क्लास मेट थी अल्बर्ट।

आइन्स्टाइन 1: (Turns to look at her) अब तुम मेरी सोल मेट हो।

मिलीवा : चलो कुछ तो हूँ।

She starts going. El turns to his work then stops.

आइन्स्टाइन 1: सुनो आज शाम अपने कुछ दोस्त आ रहे हैं खाने पर।

मिलीवा : कौन ?

आइन्स्टाइन 1: घबराओ नहीं—ओलिम्पिया ॲकेडेमी वाले लोग नहीं हैं।

मिलीवा : फिर कौन ?

आइन्स्टाइन 1: मार्सेल और मायकेल—

मिलीवा : (Warming up a little) मार्सेल भी यहाँ है ? तुमने मुझे पहले क्यों नहीं बताया ?

आइन्स्टाइन 1: भूल गया।

मिलीवा : कम-से-कम शॉपिंग के लिए जाने से पहले तो बता देते—खैर—ताज़ी मछली है घर में—उसे अच्छी लगती है—

She picks up the shopping bag and takes the child in.

मिलीवा : कॉफी ?

आइन्स्टाइन 1: उसका तो एक घंटे से इन्तज़ार था।

Mileva goes in. El back to his work. After a little while, child (Hans) starts crying. El is disturbed but continues to work. The crying increases.

आइन्स्टाइन 1: Calling off stage मित्ज़ा !···मित्ज़ा !

The Child stops crying. El back to work. The actors must act as if they are in a very small flat. The evening descends. Mileva's shadow crosses over the working El several times. She enters with a jar of coffee.

मिलीवा : ये किसका ख़त है ?

आइन्स्टाइन 1: माँ का।

Mileva keeps it back.

मिलीवा : अल्बर्ट तुम देख लेना अपने मेहमानों को। मैं खाना तैयार करके रख दूँगी। गर्म कर लेना।...तुम्हें बुरा तो नहीं लगेगा ?

आइन्स्टाइन 1: नहीं।...उन दोनों को कुछ अजीब लग सकता है।

मिलीवा : कुछ कह देना...मेरा मन नहीं है।

She exits

आइन्स्टाइन 1: Entropy. Movement from order to disorder. A physical fact समाज में, सियासत में, मुल्कों में, घर में–बिखराव। अभी जो मेरे और मिलीवा के बीच गुज़रा, क्या वो भी एक इशारा था ?

Enters E.

आइन्स्टाइन : कई बार मुझे ख़्याल आया कि जो फिज़िक्स के कानून हैं, क्या वो इन्सानी रिश्तों पर भी लागू हो सकते हैं ? आख़िर वो कुदरत के कानून हैं। और इन्सान कुदरत का एक हिस्सा है। लेकिन नहीं ...इन्सान कुदरत से कुछ अलग भी है। वो अपनी एक दुनिया ईजाद कर सकता है।''

मैंने इन्सानी रिश्तों के बारे में कभी गहराई से सोचा नहीं। मुझे लगा कोई फायदा नहीं। इस कोशिश में कुछ हासिल नहीं होगा। काफ़ी ज़हीन लोग इस रास्ते गए–बहुत खोज और छानबीन के बाद जो बचा मुट्ठी में...रेत थी। बचपन से जो देखा, बहुत खुशगवार नहीं था। ज़्यादातर लोग बकवास करते हैं, अपने को वो दिखाने की कोशिश करते हैं जो वो हैं नहीं। बेईमान, फिलीस्तीन। मज़े की बात ये है कि बावजूद इस तजुर्बे के मेरे दोस्त बहुत बने। कुछ तो ऐसे जिन्होंने ज़िन्दगी भर साथ निभाया।

Enters Marcel Grossman.

मार्सेल : अल्बर्ट साहब घर में है ?

आइन्स्टाइन : जी हाँ ज़रा मसरूफ़ हैं आप तशरीफ रखें।

E exits.

आइन्स्टाइन 1: मार्सेल।

Hugs him.

मार्सेल : आराम से। मेरा गुलाब न कुचल देना।

आइन्स्टाइन 1: क्या ज़ाहिर करना चाह रहे हैं आप ? फूलों से मोहब्बत ? यू फिलिस्तीन।

मार्सेल : यह मेरे लिए नहीं हैं, ना ही तुम्हारे लिये। मिलीवा कहाँ है ? मैं अपने हाथ से उसके बालों में लगाऊँगा।

आइन्स्टाइन 1: और मैं ?

मार्सेल : आप फोटो लेंगे। He goes inside. El makes drinks.

मार्सेल : entering मिलीवा ख़ास मूड में नहीं है आज।

आइन्स्टाइन 1: मैंने अभी एक पेपर पूरा किया। सुनोगे तो ख़ुश हो जाओगे। दूसरी ख़ुशखबरी यह है, ख़ास तौर से तुम्हारे लिये कि मेरा ये पेपर एन्टी-न्यूटन नहीं है। बल्कि उसी के काम को आगे ले जाता है। (Marcel looks at him strangely) क्या देख रहे हो ?

मार्सेल : तुम्हारी हेकड़ी। कुछ भी कहो, गट्स हैं तुम्हारे अन्दर। बताओ, न्यूटन में क्या इजाफ़ा किया ?

आइन्स्टाइन 1: मैंने उसकी लाइट की कॉर्पस्क्यूलर थ्यौरी को फिर से उठाया रेडिएशन समझने के लिए। और कहा है कि रोशनी खास कणों की तरह है। फोटोन्स का एक नया ख़्याल दिया है। मुझे लगता है कि इस पेपर से फोटो इलैक्ट्रिक इफैक्ट पूरी तरह समझा जा सकता है।

मार्सेल : अच्छा ?...पर यहाँ तो कुछ प्रॉब्लेम थी न ?

आइन्स्टाइन 1: प्रॉब्लेम कुछ नहीं थी। लैबोरेटरी में घटा एक छोटा-सा चमत्कार था। हाई फ्रीकुएन्सी रोशनी की बीम जब मैटल पर डालते हैं तो उस मैटल प्लेट से कुछ इलैक्ट्रोन झड़ जाते हैं। अब हमारे एक्सपेरिमैंटल साइंटिस्ट के लिए यह एक अजूबा है। क्योंकि उनके ख़्याल में एक हथौड़ा ही ये काम कर सकता है। रोशनी जैसी रोमांटिक चीज़ नहीं।

मार्सेल : पर मैक्स प्लांक ने एक थ्यौरी दी थी ?

आइन्स्टाइन 1: प्लांक ने थ्यौरी दी पर फिर मुकर गए। उस पर क़ायम नहीं रहे। मार्सेल, मुझे बार-बार तजुर्बा होता है कि वैज्ञानिक भी आम शख़्स की तरह जमे-जमाए ख़्यालात का शिकार है। नयी बात कह कर भी वापस ले लेता है। प्लांक ने कहा कि उसका ख़्याल क़ुदरती नहीं लगता। क़ुदरत के बारे में हम जानते ही क्या हैं ? क़ुदरत बहुत 'सटल' चीज़ है मार्सेल।

Pause.

मार्सेल : ज़रा इत्मिनान से बताओगे, फोटोन्स का क्या क़िस्सा है ?

आइन्स्टाइन 1: तुम लोग हमेशा इस तरह क्यों बात करते हो ? मेरे दुश्मनों का पक्ष लेते हो। मुझे लगता है मैं वक़्त बरबाद करता हूँ।

मार्सेल : दोस्तों का ?...कोई बात नहीं—तुम्हारा हक़ है।

आइन्स्टाइन 1: तुम सब उल्लू हो। फिलीस्तीन।

मार्सेल : आह। नाऊ यू आर रेडिएटिंग। अब बताओ, तुम क्या महसूस कर रहे हो ?

आइन्स्टाइन 1: हाँ ज़रूर बताऊँगा। तुम्हारे भेजे में अक्ल भरना मेरी मजबूरी है और तुम इसका फ़ायदा उठाते हो। अब ध्यान से सुनो। मैक्स प्लांक के काम से मुझे इंस्प्रिरशन मिला। रोशनी रेडिएशन—एनर्जी यानि ऊर्जा है। छोटे-छोटे कणों की शक्ल में। इसलिए अगर मैं इस सोर्स से Lights a torch रोशनी तुम पर डालता हूँ तो मैं तुम्हारे चेहरे पर फोटोन्स की बौछार कर रहा हूँ। तुम महसूस नहीं कर रहे पर इस वक़्त लाखों पार्टिकल्स तुम्हें हिट कर रहे हैं। और यही फोटोन्स जब धातु की प्लेट पर गिरते हैं और समा जाते हैं तो वहाँ से कुछ इलैक्ट्रॉन्स उड़ा देते हैं। E equals hu (एच. म्यू)
Music.
High intensity lights are turned towards the audience.
Exits Marcel Grossman, enters Michael Angelo Besso from inside. It is suddenly very late at night.

बेसो : मिलीवा गहरी सो रही है। अच्छी लग रही है। तकिए पर उसके होंठों के पास एक गुलाब का फूल है। (Turns towards El) तुमने दिया ?

आइन्स्टाइन 1: ऊहूँ, मार्सेल। Pause कॉफी ?···चीज़ें एक दूसरे से अलग जा रही हैं। Besso looks at him. El laughs अजीब बात है। Besso is uncomfortable.

आइन्स्टाइन 1: क्या बात है ?···कुछ चाहिए ?

बेसो : नहीं।···तुम कह रहे थे पिछले तीन सालों में तुमने न्यूटन के बारे में गहराई से सोचा। उससे तुम्हारी परेशानी क्या है ?

आइन्स्टाइन 1: कई हैं। मसलन उसने कहा कि तारे अनगिनत हैं, इनफाइनाइट। दूसरी तरफ़ उसने बँधी-बँधायी जकड़ी हुई, finite मशीनी दुनिया का कॉन्सेप्ट रिइनफोर्स किया। अब ये दोनों ख़्याल एक दूसरे के बरखिलाफ़ पड़ते हैं। क्योंकि अगर दोनों बातों को मान लिया जाए तो हमारी यूनिव्हर्स में तारों की भयानक भीड़ होगी। ये पूरा आकाश एक चमकता हुआ तारा होगा। किस क़दर बोरिंग बात है। Pause ···उसे—ख़ुद अहसास था इस मुश्किल का। उसकी हदें उसके वक़्त की सीमाएँ थीं।

बेसो : पर हैरानी की बात है, उसके बाद दो सौ साल तक किसी ने चूँ तक नहीं की ?

आइन्स्टाइन 1: किसी की हिम्मत नहीं हुई। फिक्स्ड यूनिव्हर्स का ख़्याल हमारे धर्म-ग्रन्थों की देन है। और धर्म से आप लड़ नहीं सकते। Pause.

बेसो : अल्बर्ट तुम यही कर रहे हो।

आइन्स्टाइन 1: मैं तो⋯उसे ही खोज रहा हूँ।

बेसो : किसे ?

आइन्स्टाइन 1: ईश्वर को।

Pause.

बेसो : ख़तरनाक क़ोशिश है। Clock strikes one.

आइन्स्टाइन 1: झटको इसे⋯न्यूटन की बात करते हैं। मुझे तुम्हें एक चीज़ दिखानी है।

बेसो : यह क्या ? फुटरूल ?

आइन्स्टाइन 1: हाँ। वो भी मामूली। एक बूढ़े शख़्स ने मुझे दिया। तब मैं बहुत नौसिखिया था और न्यूटन से बहुत प्रभावित था। मुझे लगता था कि उसने सारे सवालों के जवाब दे दिए हैं। कोपर्निकस, कैपलर, गैलिलिओ की तमाम मुश्किलें सर आयझॅक के आने से हल हो जाती हैं। तब उसने मुझे ये दिया। अब ये कोई जादू का डंडा नहीं। मगर इसमें जादू है। यह हमसे असलियत छिपा रहा है। जादू यही तो करता है। सर आयझॅक ने इसे क़बूल कर लिया एक साइंटिफिक इन्स्ट्रूमेंट की शक्ल में। और हम तक पहुँचा दिया। हर स्कूल के बच्चे के बस्ते में डाल दिया।

बेसो : मगर लेकिन जब हम धरती पर हैं, इसे यहाँ से निकाल कर फेंका तो नहीं जा सकता। आज भी बहुत काम की चीज़ है।

आइन्स्टाइन 1: हाँ। बदक़िस्मती से। यूकिल्ड का दिया हुआ बोझ ! एक मिनियेचर ग्रीक खम्भा !

बेसो : यू ड्रामॉटाईज !

आइन्स्टाइन 1: यस, बट ओनली फैक्ट्स !

बेसो : ये किसने दिया तुम्हें ?

आइन्स्टाइन 1: न्यूटन ने। They laugh फुटरूल माय फुट। पूरी ज्यॉमैट्री इससे बाँध कर रख दी यूकिल्ड साहब ने। समस्या स्केल की है। जैसे-जैसे हम धरती से दूर जाते हैं, ख़ला की गहराईयों में ये चीज़ बेकार होती जाती हैं। Clock strikes और ये चीज़ भी। They laugh heartily.

बेसो : gets up मिलीवा सचमुच बहुत गहरी सो गई।

आइन्स्टाइन 1: डॉली बहुत थक गई थी आज।

बेसो : उसके पिछले दिन बहुत मुश्किल से गुजरे हैं।...उसे याद करती है ?

आइन्स्टाइन 1: किसे ?

बेसो : अपनी पहली बेटी को !

आइन्स्टाइन 1: अच्छा वो ?...उसके बारे में हम बात नहीं करते।

बेसो : शादी से पहले प्रेग्नेन्सी।...औरत को तोड़ कर रख सकती है अल्बर्ट। उसे गुनाहगार का-सा एहसास...।

आइन्स्टाइन 1: getting up मुझे नहीं लगता।...वो ठीक है।

बेसो : अगर ठीक होती तो इस वक़्त यहाँ होती।...काफ़ी बदली है। तुम्हारा दूसरा बच्चा भी काफ़ी जल्दी हो गया।

आइन्स्टाइन 1: 'हैन्स' के आने से तो उसे अच्छा लगा। मुझे लगता है वो काफ़ी सुरक्षित महसूस करती है। पहले से कहीं ज़्यादा।...हाँ एक ही जगह रहते-रहते थकान महसूस हो सकती है। जैसे ही मेरा काम ख़त्म होता है, मैं उसे कहीं ले जाऊँगा।

बेसो : घर ?

आइन्स्टाइन 1: कौन-सा घर ? पापा तो रहे नहीं, मामा हैं, पर उन्हें तो तुम जानते हो।...हाँ...हम सर्बिया जा सकते हैं, मिलीवा के घर। वहाँ से I can go Sailing. तुम्हें वायलिन सुनाऊँ ? The man in the orchestra pit gets up. Besso looks at the bedroom.

बेसो : फिर कभी। Man sits down.

आइन्स्टाइन 1: वो जादू का डंडा कहाँ है ?

बेसो : ये लो। न्यूटन को और पीटने का इरादा है ?

आइन्स्टाइन 1: हाँ, तुम चाहे तो।

बेसो : पर उसे पीटने के लिए अब तुम इस डंडे का इस्तेमाल नहीं कर सकते, इससे तुम कह चुके हो जो कह सकते थे।

आइन्स्टाइन 1: नहीं मैं और कह सकता हूँ।

बेसो : नयी बात ?

आइन्स्टाइन 1: हाँ-हाँ। एकदम नयी।

बेसो : Thinks a little नयी और क्या कह सकते हो ?

आइन्स्टाइन 1: शर्त लगा लो।

बेसो : हो गई। बताओ।

El comes close to him with the rod.

आइन्स्टाइन 1: न्यूटन साहब के हिसाब से ये सॉलिड है। अब मैं इसके इस सिरे को एक इन्फरमेशन फीड करता हूँ। वो इन्फरमेशन फौरन इस सिरे तक पहुँचनी चाहिए। बगैर कोई वक़्त ज़ाया किए। इन ज़ीरो

टाइम। या फिर इसकी शक्ल तब्दील होनी चाहिए—लेकिन ऐसा नहीं होता। इस पूरी यूनिवर्स में ऐसी कोई सूचना नहीं जो ज़ीरो टाइम में एक जगह से दूसरी जगह जा सके। मेरा ख़्याल है कि सबसे तेज सूचना हमको रोशनी के ज़रिए मिलती है।

बेसो : लेकिन उसमें भी कुछ वक़्त लगता है।

आइन्स्टाइन 1: यकीनन।

बेसो : तुम्हारा मतलब कि रोशनी की रफ्तार—करीब 1,86,000 मील पर-सेकेन्ड—इस यूनिवर्स में स्पीड लिमिट है।

Pause.

आइन्स्टाइन 1: जब हम आसमान देखते हैं तो हमेशा गुज़रे हुए वक़्त में देखते हैं। वो भी किसी सिलसिलेवार ढंग से नहीं। चंद मिनटों से लेकर बीती हुई सैकड़ों शताब्दियों में हम झाँकते हैं। बहुत दूर तक भूतकाल में।...अजब झरोखा है ये आसमान।

बेसो : असल में इस वक़्त भी हम दोनों एक-दूसरे को पास्ट ही में देख रहे हैं। सिर्फ़ महसूस नहीं हो रहा।

आइन्स्टाइन 1: मुझे तो खूब हो रहा है। मैं जब भी तुमसे मिलता हूँ, मुझे लगता है मैं खुद से मिल रहा हूँ। सोलह साल पहले। Laughs

बेसो : जब तुम रोशनी की किरण पर सवार आकाश में सफ़र करते थे।

आइन्स्टाइन 1: वो तो मैं अब भी करता हूँ दोस्त। Pause मायकेल, मुझे एक नयी दिक़्कत आ रही है।

बेसो : बताओ।

आइन्स्टाइन 1: हम कल्पना कर सकते हैं कि कोई चीज़ रोशनी की रफ्तार से चल सकती है ? क्योंकि रोशनी की रफ्तार 'फाइनाईट' है।

बेसो : बिल्कुल कर सकते हैं।

आइन्स्टाइन 1: तो इस चीज़ पर सवार आदमी को रोशनी रुकी हुई दिखनी चाहिए। लेकिन ये नामुमकिन है। "This puzzles me."

बेसो : हाँ। 'I see that' न्यूटन के लॉ ऑफ मोशन में कोई 'Limiting factor' यानि गति सीमा नहीं है। वहाँ तो एफ इज़ एम. ए. F=m. a. एफ जितना बढ़ाएँगे उतना 'acceteration' हमें मिल सकता है। "Even infinite speeds are possible."

El suddenly leaves Michael, moves to his table notes something. The Child enters, followed by E.

बच्चा : आपने क्या लिखा ? जल्दी बताइए।

बेसो : Restraining him कोई जल्दी नहीं। सोच लो। मैथेमैटिक्स की

ज़ुबान में तर्जुमा कर लो।

To the audience.

आपसे सिर्फ दो बातें : पहली, कह चुका हूँ : साइंस में क्रान्तिकारी विचार किसी सिलसिलेवार सोच का नतीजा नहीं होते। इलहाम यानि 'Intuition' अहम रोल अदा करता है। दूसरी, ज़्यादातर साइंस बातचीत में, जोशीली बहसों में पैदा हुई है। हालाँकि फिजिक्स का कानून है। नलिस वर्बा।

"Nothing in words."

आइन्स्टाइन 1 : Casually हैलो !

आइन्स्टाइन : Same हैलो ! !

आइन्स्टाइन 1 : बर्न–स्विट्ज़रलैंड — 1904

आइन्स्टाइन : नो चेन्ज। प्रिंसटन–यूनाइटेड स्टेटस — 1948

बच्चा : इन्होंने अभी क्या लिखा ?

आइन्स्टाइन : तुम जान जाओगे।

आइन्स्टाइन : turning to the audience लेकिन आपके लिए अभी जानना ज़रूरी है।

Newtonian mechanics assumes that a body can travel at any speed so long as the necessary force is supplied initially to push the body.

This of course is nonsense ! To move even a small object with the speed of light an infinite amount of energy will be required. Since energy is finite — the equation has severe limits.

उसके बाद हाशिए पर कुछ और लिखा है। Smiling जो अभी पढ़ा नहीं जा रहा है। To the Child चलो Child does not move चलो।

बच्चा : म्यूनिख जर्मनी — 1884

Exits with his nose up

बेसो : और क्या कुछ कर रहे हो ? तुमने वो माईकेलसन-मोरले के एक्सपेरिमैंट पर रपट पढ़ ली ?

आइन्स्टाइन 1 : नहीं–वक़्त नहीं मिला। वही न–अमरीका के किसी स्कूल में कुछ लोगों ने ईथर ड्रग पर कोई एक्सपेरिमैन्ट किया था। "माइकेल आई हैव नो रेस्पैक्ट फार फिलिस्तीन्स।"

बेसो : Strongly उन्हें फिलिस्तीन मत कहो अल्बर्ट।

माइकेलसन और मोरले बहुत इज्ज़तयाब एक्सपेरिमेन्टल साइंटिस्ट हैं और क्लीवलैंड (Cleavland) का कासे स्कूल एडवांसड़ फिजिक्स के लिए मशहूर इन्स्टीट्यूट है।

आइन्स्टाइन 1: माफ करना माइकेल, मुझे यहाँ बर्न में बैठे हुए पूरी जानकारी नहीं। लेकिन यह ईथर का ख़्याल ही बनावटी लगता है। मुझे इसमें दिलचस्पी नहीं। माइकेल फैरोडे को मैं एक बहुत अहम एक्सपेरिमैन्टलिस्ट मानता हूँ और मैक्सवेल को बहुत बड़ा थियोरिटीशियन।

बेसो : तुम्हारे बोर्ड पर लोरेन्टज़ ट्रान्सफोर्मेशन देख रहा हूँ।

आइन्स्टाइन 1: हैन्डरिक लोरेन्टज़ और जार्ज फिट्जगैराल्ड। बहुत ब्रिलियेन्ट साइंस दां हैं—लेकिन 'ईथर' के कन्सैप्ट को बचाने में वक्त ज़ाया कर रहे हैं।

मैक्स प्लांक को लेकर आजकल बड़ा एक्साइटमैन्ट है हमारी ओलिम्पिया अकेडेमी में।

बेसो : हाँ यह क्या रेकेट है ?

आइन्स्टाइन 1: जनाब यह एक बड़ी सीरियस चीज़ है।

ॲकेडमी ओलिम्पिया। तुम्हें हम इसकी फिलहाल टेम्परेरी मैम्बरशिप दे सकते हैं। मैं और मेरे कुछ स्टूडैन्टस अब तो उन्हें दोस्त कहना चाहिए—शाम को मिलते हैं। चीज़—सोसेज़, कॉफी चलती है और बहस चलती है—फलसफे पर, साइंस पर, लिटरेचर पर, थियेटर पर, म्यूजिक पर।

बेसो : अच्छा तो आपको फोरम मिल गया जिसमें आप इमैन्युल-कांट, पिये लाप्लास और न्यूटन की धज्जियाँ उड़ा सकें।

आइन्स्टाइन 1: नहीं। वी हैव मोर पाज़िटिव एजेन्डा। इनके बारे में हमारी अकादमी कब की राय कायम कर चुकी है। कांट और लाप्लास को अपना मुँह न्यूटन के बारे में बंद रखना चाहिए था। इन दोनों ने उसे एक 'आईकोन' (Icon) बना दिया—एक इबादत की चीज़। और दो सौ साल तक फिज़िक्स तरक्क़ी नहीं कर सकी। काश कि मेरे दो ख़ास दोस्तों ने मार्सेल ग्रासमैन और माइकेल एन्जलो बेसो ने इन्हें कभी न पढ़ा होता।

They laugh heartily.

आइन्स्टाइन 1: मैं कॉफी लाता हूँ।

El goes to kitchen while Besso moves to the table. Clock strikes three. The Gypsy drums in distance. El switches off a **light back** stage. Besso lights the table lamp. El enters with two cups of coffee. The two men talk in hushed tones.

आइन्स्टाइन 1: हम लोग बहुत एक्साइटिंग वक़्त में जी रहे हैं माईकेल। दिल करता है कुछ नया कर डालें।

आवाज : अब सो जाओ अल्बर्ट।

आइन्स्टाइन 1: तुम्हें बॅले दिखाऊँ ?

बेसो : बॅलें यहाँ ? दिखाओ।

आइन्स्टाइन 1: तुम अपने कॉफी के प्याले में ग़ौर से देखो—वेट ए मिनट।
He gets a microscope.
अब देखो। कॉफी के छोटे-छोटे पार्टिकल्स कैसे डान्स कर रहे हैं। जिंग जैग जिंग जैग। देखो।

बेसो : अल्बर्ट कम ऑन। मैंने देखा हुआ है यह।

आइन्स्टाइन 1: ख़ाक देखा हुआ है ? बताओ यह पार्टिकल्स क्यों चल रहे हैं ? देखो, अब स्कूली बच्चों की तरह यह न कह देना कि कॉफी धीरे-धीरे ठंडी हो रही है। इसलिए ऊपर की ठंडी सतह नीचे की तरफ जा रही है जिससे मूवमैंट है। मुझे बहुत बेहतर जवाब की उम्मीद है तुमसे।

बेसो : Laughing मैं तुम्हें नाउम्मीद नहीं करूँगा। इसे ब्राउनियन (Brownian) मोशन कहते हैं। बोटेनिस्ट रोबर्ट ब्राउन ने 1827 में यह किया जो आपने अभी किया। उसने पानी में पौलीन ग्रेन डाल कर कंटेनर सील कर दिया। फिर उसे माईक्रोस्कोप के नीचे रख कर देखा। जो सवाल अभी तुम्हारे ज़हन में उठा वही उसने भी पूछा। पानी एकदम कमरे के टैम्प्रेचर पर ठहरा हुआ है फिर यह पौलीन पार्टिकल्स में हलचल कैसी ? 75 साल हो गए इस बात को।

आइन्स्टाइन 1: और जवाब— ?

बेसो : मौलीक्यूल्स। ब्राउन का ख़्याल था कि मौलीक्यूल्स में अपनी ज़िन्दगी है इसलिए इन पार्टिकल्स को फोर्स मिल रहा है।
दैट आफकोर्स वाज़ नोनसैन्स। लेकिन 19वीं सदी में लुई जार्ज जी ने सुझाया कि यह एक स्टेटिस्टिकल इफैक्ट है। बहुत-से मौलीक्यूल्स का मिला-जुला असर जो पार्टिकल्स को ज़िग ज़ैग मोशन देता है।
Pause

बताओ स्कूल के बच्चों से कुछ बेहतर मैं रहा या नहीं ?

आइन्स्टाइन 1 : नहीं। जवाब नहीं दिया तुमने।

बेसो : जवाब तुम दे दो।

आइन्स्टाइन 1 : दे दिया। I refer you to the forthcoming issue of Annalen derPhysik

बेसो : यानि तुमने मौलीक्यूल्स (Molecules) का अस्तित्व साबित कर दिया अल्बर्ट ! Hugs him

Black out morning El is still at the table.

आइन्स्टाइन : "Annalen derPhysik" ! अपने वक़्त का एक अहम जर्मन साइंटिफिक रिसाला। कुछ ही महीनों में उसमें मेरे चार-पाँच पर्चे छपे। 1905 मेरे लिए एक बहुत मुबारक साल था। इन्हीं पर्चों में मेरी स्पेशल थ्यौरी ऑफ रिलेटिविटी भी थी। मेरी मेहनत का नतीजा एक छब्बीस बरस का लड़का जो सारे खेल को अब तक किनारे से देख रहा था। एक ही झटके में तूफान के बीचोंबीच आ गया।

Enters Mileva.

मिलीवा : अल्बर्ट तुम्हारी थीसिस वापस आ गई है। खत भी है इसके साथ।

आइन्स्टाइन 1 : वजह दी है ?

मिलीवा : लिखा है बहुत छोटी है।

आइन्स्टाइन 1 : और कुछ नहीं ?

मिलीवा : नहीं।

आइन्स्टाइन 1 : दो।

She hands over the manuscript to El. He adds one sentence to it.

आइन्स्टाइन 1 : लो। बढ़ गई। वापस भेज दो।

Mileva keeps standing.

आइन्स्टाइन 1 : 'पोस्ट इट'। Shouts. She quickly goes.

आइन्स्टाइन : Laughing दरअसल मैंने बेसो को उस रात ग़लत बताया। तब तक मैंने पर्चे आनालेन देरफिज़िक को भेजे नहीं थे। मुझे यह भी नहीं मालूम था कि उसका ख़ब्ती एडीटर छापेगा या नहीं। "Special theory of relativity" वाला परचा पूरा भी नहीं था। हालाँकि मैं उस पर जम कर काम कर रहा था, लेकिन उस दिन मैंने अपनी जिस बुनियादी मुश्किल का ज़िक्र बेसो से किया था वह अपनी जगह क़ायम थी। अगर 10 हज़ार मील प्रति सैकेन्ड

की रफ्तार से चलते रॉकेट से रोशनी की एक बीम छोड़ी जाए तो उसकी रफ्तार करीब 1 लाख 86 हजार मील प्रति सैकेन्ड प्लस 10 हजार मील प्रति सैकेन्ड होनी चाहिए। 'Newtonian mechanics' के हिसाब से। पर ऐसा नहीं है।

इस मुश्किल पर सोचते हुए क़रीब साल सर्फ कर चुका था। उस रात मायकेल को गए क़रीब आधा घंटा गुज़र चुका था। मैं बहुत थका हुआ महसूस कर रहा था। दिमाग़ एकदम ख़ाली, कुर्सी से उठकर बिस्तर तक जाना मुश्किल हो रहा था।

Enters Mileva.

मिलीवा : Half asleep अब सो भी जाओ अल्बर्ट।

आइन्स्टाइन 1: तुम चलो मैं आता हूँ।

मिलीवा : नहीं उठो अभी। They both exit.

E sits down on a chair, covers his legs with a sheet. Everything remains still for some time. Gypsy music from distance.

El comes out of bedroom with a blanket and tries to sleep on the sofa. E watches him. Suddenly El gets up, throws his blanket away, puts on his rain-coat and shoes. Enters Mileva quickly.

मिलीवा : अल्बर्ट कहाँ जा रहे हो ?

आइन्स्टाइन 1: मायकेल के पास।

El goes to his table, collects some papers puts them in his pocket.

मिलीवा : मगर वो अभी यहाँ से गया है।

आइन्स्टाइन 1: मेरा उससे अभी मिलना बहुत ज़रूरी है।

मिलीवा : सुनो, बाहर बारिश हो रही है।

आइन्स्टाइन 1: मुझे मालूम है। He steps out in the rain, Mileva stays still, then resigns.

exits.

distant thunder and strands off gypsy song.

आइन्स्टाइन : 'Special theory of Relativity' की कहानी यहाँ क़रीब-क़रीब पूरी होती है। मेरा पर्चा Electrodynamics of moving bodies आख़िरकार पूरा हुआ। उसमें दो बातें ख़ास थीं। पहली ये कि एक

एक्सपेरिमेंट सिर्फ उस वक़्त और जगह के लिए सही है जब वह किया जाना है। दूसरी, रोशनी की रफ्तार अपने सोर्स की रफ्तार से क़तई आज़ाद है।...इस क़ायनात में absolute कुछ नहीं है...सिवा रोशनी की रफ्तार के। ये और बहुत-सी बातें धीरे-धीरे दुनिया पर वाज़े हुई जब जनरल थ्यौरी ऑफ रिलेटिविटी पर मेरा दूसरा पर्चा Annalen der Physik में छपा। और क़रीब 14 साल बाद–मुझे तारीख याद है–मई 29, 1919–मेरे दोस्त आर्थर एडिंग्टन ने अफ्रीका के पश्चिमी तट से, सूर्यग्रहण के दौरान कुछ तस्वीरें लीं। तब तो बस कमाल हो गया। जो बात मैं अपनी फील्ड इक्वेशन्स में कह चुका था वह साबित हो गई। रोशनी ग्रॉविटी के असर से झुकती है।...उसके आगे भी बहुत कुछ हुआ। मैं मशहूर हो गया। और धीरे-धीरे दुनिया मुझे एक बुत में तबदील करने में क़ामयाब होती नज़र आई। ज़हन अब भी बेचैन है मगर बदन कमजोर।

Off Stage : अब सो जाओ अल्बर्ट।

आइन्स्टाइन : नहीं हेलन–अभी बहुत क़ाम पड़ा है–मुझे कुछ कागज़ और एक पैन्सिल भेज दो।

While E is addressing the audience, El enters drenched, and goes to the black board, carefully cleans a corner and writes.

$$L = L^1\sqrt{1 \quad \frac{v^2}{c^2}},\ t = \frac{t^1 + (v/c^2)\ x^1}{\sqrt{1\text{-}v^2/c^2}},\ v = \frac{v_1 + v_2}{\left[1 + \frac{V_1V_2}{C^2}\right]}$$

Suddenly Holds the table for support.

आइन्स्टाइन 1: Relaxes almost sick मित्ज़ा !

Mileva enters. El looks sick.

मिलीवा : अल्बर्ट।

He slowly moves to her.

आइन्स्टाइन 1: हाँ मित्ज़ा। (Gently kisses her)

Music. Lights fade out on them. Enters Helen Ducas with some sheets of papers and a pencil, hands the stuff over to E, covers him well as he coughs. He begins to write. All lights withdraw in silence. Only occassional coughing is heard.

End

●●●